伝える技法

プロが教える苦手克服文章術

高田昌幸

旬報社

はじめに

どうやったら、文章は上手になるのか。

作文上達のポイントはどこにあるのか。

多少の差はあれ、そう思い悩んだ経験はだれにでもあると思います。

世の中には「作文の書き方」に関する書物があふれていますから、それらに目を通した経験もあるでしょう。

筆者も一時期、作文技術に関する書物を読みあさりました。新聞記者になり、日々、文章と向き合うようになった二〇代半ばのころです。乱読と言っても過言ではない状態だったと記憶しています。

吸収すべき点をたくさん見つけました。

同時に、痒いところに手が届きそうで届かない、そういったじれったい思いを抱いたことも少なくありません。

筆者がジャーナリズムの世界に足を踏み入れてから、もう三〇年近くになります。その間、ほぼ毎日、文章と向き合ってきました。一から記事を書いていた現場記者の時代も、いわゆる「デスク」として若い記者の文章を読むようになってからも、ほぼ毎日、文章に向き合ってきたことに変わりはありません。

伝えるべき事柄をいかに的確な文章で表現するか。

そもそも伝えるべき事柄は何か。

そういったことを毎日、意識的か無意識かを問わず、考え続けてきたわけです。そして、ここ数年は「これまで考え続けてきた文章の書き方」をまとまった形で残し、伝えたいと考えるようにもなりました。

文章はコミュニケーションの道具に過ぎません。

道具はしょせん道具です。本来は「何を伝えるのか」という中身がはるかに大切だと思います。

しかしながら、道具に習熟していなかったり、使い方を間違ったりすると、思わぬ結果になりかねません。誤解や混乱の原因にもなるでしょう。まして学校の授業や入学試験、入社試験といった場面では、文章の失敗は取り返しがつかないかもしれません。

では、どうすれば作文は上達するのでしょうか。

これだけをマスターすれば絶対に大丈夫という解があるとすれば、「実際に何度も書くこと」です。スポーツと同じです。練習を続けていれば、上達の道は必ず見えてきます。しかし、どうせなら、良いコーチを付け、助言を得ながら練習したほうが習熟度合いは格段に早くなるはずです。その点もスポーツと同じであり、「文章の書き方」に関する書物を読む意味はそこにあります。

本書は社会人だけでなく、高校生や大学生から読めるように書きました。

八〇〇字の作文を書きなさい。

この本を手に取ったあなたはそういう状況に置かれている、と仮定しています。そのうえで、「作文が苦手」という人をとくに念頭に置き、筆を進めました。

作文のノウハウを伝える目的ですが、よくある「ノウハウ本」とは少し違うかもしれません。

どこがどう違うのでしょうか。

際立った違いは「場面を伝える」に重きを置いた点にあります。「場面」は「映像」「風景」といった言葉に置き換えても構いません。

どうしてでしょうか。

その理由は、本書を読み進めてもらえば、次第に理解できると思います。

そして最後には「書くとは何か」の意味と全体像が、じんわりと染みこんでいくはずです。

伝える技法　目次

第1章

読みたくなる文章を書くには

オリジナルであること

原稿用紙二枚、八〇〇字程度の文章をどう書くか。この章では、それをじっくり考えていきましょう。

ここで取り上げる文章とは「他人が読む」文章を指します。家族でも友人でもない、第三者が読む文章。高校生なら作文や読書感想文、大学生なら簡単なレポート、就活に直面している人はエントリーシートや入社試験の論作文。そういった「だれが読むかわからない文章」をどう書くか、それを考えます。

何も書かれていない原稿用紙、レポート用紙に向き合ったとき、まず、あなたはどんな点に注意しますか。何が一番大切だと思いますか。

漢字を間違えないこと？

美しい、きれいな字で書くこと？

だらだらした文章を書かないこと？
ちゃんと「、」や「。」を使うこと？
きちんと改行すること？
自分の気持ちを表現すること？
笑いを取ること？
それとも……

思いつくポイントは、たくさんあるはずです。それぞれに大切なポイントではありますが、じつはこういった細かいことに気を取られていると、良い文章を書くことはできません。

大切なことは、まず「何を書くかをはっきり決める」ことです。

「何を書くかをはっきり決める」には、文を書くうえでの必須のポイントが、いくつも隠れています。それほど、大切なポイントです。

逆に言えば、「何を書くか」をはっきりさせることができたら、その作文はもう半ばできあがったも同然です。

「一行も書いてないのに半分完成だなんて」と思われるかもしれません。けれども「何を書くか」を追い求めることは、じつは文章上達と裏表の関係にあります。

それを説明しましょう。


ほとんどの人は、「修学旅行」や「遠足」といった題で作文を書いた経験があると思います。小学生か中学生か、あるいは高校生のころ、宿題や国語の授業で書かされたのではないでしょうか。いわば定番のタイトルです。「運動会」「尊敬する人」といった題も定番です。


ここでは、「旅行」という題の八〇〇字の作文を考えてみましょう。タイトルの「旅行」以外、制約はいっさい付されていない、とします。

「旅行」という題を頭の中で「旅」に変換し、「人生の旅」「わが心の旅」といった内容で書きたくなることもあるでしょう。「旅」に関する読書や映画の感想を書こうと思う人もいるでしょう。「何を書くか」に正解はありませんから、出されたタイトルをどのように料理してもかまいません。

ただし、ここではまず、自分自身が経験した「旅」「旅行」を八〇〇字で書くことを考えてください。自分の経験を書く。その練習から始めたいと思います。

じつは、あなた自身の旅行経験は、あなたのオリジナルです。あなたが見聞きしたことは、あなたにしかわかりません。その旅行に同行者がいたとしても、同じものを見ていたとはかぎりません。仮に、行程がまったく同じで、旅先ではつねに一緒だったとしても、関心を持ったもの、印象に残ったもの、感じたもの、それらは人によって違うはずです。行動や感じ方などが一〇〇パーセント同じ、ということはあり得ません。

その違いこそが「オリジナル」です。


第三者に興味を持って読んでもらう文章。それにはまず、「オリジナル」が必要です。

なぜ、オリジナルが必須なのでしょうか?

たとえば、こんな状況を考えてみてください。

「見知らぬだれか」の文章を読む役割を、あなたが負っているとします。もちろん、この「だれか」は、作家や脚本家などの「プロ」ではありません。書き手は素人です。

書き手はプロではありませんから、原稿を読み始めてほどなく、「つまらない作品だな」と思うこともあるでしょう。

「あれ、似たような話、この前もどこかで読んだな」

「だれでも知っている、あのイベントの話か」

「この作文、ほかの作文と同じだ」

「またこの手の話か……」

そんなふうに思うことも少なくないでしょう。最初から「書き手は素人」とわかっています。プロの作品なら我慢してでも読み進むでしょう。なにしろ、あらかじめ「プロの作家」「人気脚本家」だとか、そういう情報があなたの頭にインプットされているわけです。やがてきっと、おもしろくなるに違いありません。

でも、書き手が素人だとわかっていて、しかも強い既視感を抱いたとしたらどうでしょう？　つまり、オリジナルな感じが、ほとんどなかったとしたらどうでしょう？

あなたはその先、興味を抱いて文章を読み進めることができますか。ぐいぐい、引き込まれていくでしょうか。

類い希なる技巧を持った文章なら、「もっと読もう」と思うかもしれません。しかし、作家や脚本家などのプロの文章でないかぎり、そういった技巧を究めた、計算し尽くされた文章にはめったに出合うことができません。

「読み続けたくなる文章」とは、じつは「読み手にとって新しい内容であること、知らない内容であること」が何よりも大切です。

簡単に言えば、読み手に「へえー、こんな経験をした人なんだ」「へえー、こんなことが世の中では起きるんだ」と思ってもらうことです。この「へえー」の大切さは、しっかり頭に入れておいてください。

友人や家族の間柄でも同じことが言えると思います。

何度も聞いた話を再び聞かされそうになると、「またその話?」と思いませんか。たとえば、きょうだい同士の会話で、「おねえちゃん、その話、もう一〇回くらい聞いたよ」などと言って、相手を不機嫌にさせた経験はないでしょうか。そこに欠落しているのは、「新鮮さ」です。

こんなことが現実にあるのか。
この人は旅先でこんな貴重な経験をしたのか。
あの都市にそんな場所があったのか。

こういった思いを読み手に抱いてもらうことが最初のポイントです。その意味は理解できたでしょうか。

一番大切なのは「まず書くべき事柄を決めること」です。しかも、「その事柄がオリジナルであること」です。しかも、「オリジナルは個々人の体験という形でだれにでも備わっている」のです。次に大事なことは「冒頭がしっかり書かれている」ことです

この二点が備わっていれば、読み手が作文をいきなり放り出すことはないはずです。
では、「冒頭がしっかり書かれている」とは、どういうことでしょうか。

作文は冒頭がすべて

自分自身の経験を作文に書こうとしたとき、題材として手っ取り早いのは「最近の経験」です。何年も前の、まして小さな子ども時代のことは、細かな記憶も薄れています。強く印象に残っている場面があるにしても、その前後の出来事、当時リアルタイムで感じたことなどは、ふつう、記憶の後景に退いているものです。

それを考えると題材はやはり「最近」のものです。

「じゃあ、友人たちと一緒に行った昨年夏の北海道旅行のことを書こう。あの旅行は一週間の道中、ずっとキャンプだったし、その点はツアー旅行と違う。オリジナルの要素も十分ある。広い大地でのキャンプ、最高だった。風景は壮大で、湖畔のテントからは星もよく見えたし……」

キャンプを続けながらの北海道旅行。忙しい社会人はめったに経験できそうもありませんから、それを取り上げた作文は、読み手の関心を呼び起こす要素もたくさんありそうです。

では、どのように書き始めましょうか。

この出発点が「凡庸」と「非凡庸」の最初の分かれ道です。書き出しで失敗すると、後半にどんな優れた文章が並んでいても、その作品は凡庸のままで終わります。

なぜでしょう？

冒頭がありきたりだったり、難解な文章だったりすると、最後まで読んでもらえないかもしれないからです。後半にどんなすばらしいことを書いてあっても、読んでもらえないと意味がありません。実際、マスコミの入社試験では、よく、そういう例があります。入社試験の目的は「足切り」です。最後まで丁寧に読んで添削してあげることが目的ではありません。いわば、読み通す義務がないわけです。

では、どう書き始めますか？

あなたは、どんな内容の冒頭を思い浮かべますか？

おそらく、一番多いパターンは、旅行の日程順に書き進める方法です。出発前日の準備の様子から始まり、北海道へ入った日のこと、二日目のこと、そしていくつもの出来事を記しながら、最終日へ……という書き方です。

例文を示してみましょう。


　去年の夏、私は北海道旅行に出掛けた。車にキャンプ道具を積み込み、古くからの友達と一週間ずっと、気ままに過ごすのだ。何年も前のからの念願だったから、計画が実行できそうだとなったとき、私だけでなく、友人達も大喜びだった。

　私はわくわくしていた。あすから念願の北海道旅行が始まるという前の晩、午前一時になってても寝付けない。準備がなかなか進まないので、私は少し焦っていた。テントは買ったし、キャンプ場の場所なども全部調べた。それがようやく終わったのは、数時間前だ。

　翌朝、東京はよく晴れていた。ワゴン車に荷物を載せて、いよいよ出発だ。家を出て首都高に入っても、渋滞はほとんどなかった。フェリーで大洗から苫小牧まで行くつもりだ。が、このぶんなら、予定より早く大洗に到着しそうだ。車の中ではみんな大騒ぎしているカーステレオにどの曲をかけるかで揉めたり、サービスエリアであれ食べたいと騒いだり。
常磐道に入っても渋滞はほとんどない……

文章そのものは整っています。

でも、どうでしょう。この作文、読み進みたいと感じましたか?

「もっと読みたい」と思った人はいるかもしれません。その一方、なんだか退屈だな、平板だな、と感じる人も多いのではないでしょうか。

なぜ、退屈と感じたり、平板だなと思ったりするのでしょうか。

もう一つ、違った例文を示しますので、退屈や平板の意味を考えてみてください。

次の例文のタイトルは「旅行」ではなく、「運動会」です。小学校高学年や中学一、二年生が書きそうな文章です。読んでください。

待ちに待った運動会の日は、朝からよく晴れていた。僕は起きたときからドキドキだった。一番練習していた騎馬戦は、午後一時に始まる。練習ではずっとライバルに負けていたけど、きょうは負けたくないと思った。

学校に行き、着替えて、先生の注意を聞いた。それから校庭に出て椅子を並べた。準備が終わると、僕は隅っこで友達と騎馬をつくって、練習した。午前中は五〇メートルの徒競走に出て、ダンスを踊った。お昼休みは、クラスの友達とお弁当を食べた……

どうでしょうか？

一文一文はすっきりしていて、決して読みにくい文ではありません。でも、どこか物足りなさを感じませんか。北海道旅行を題材にした最初の作文、運動会をテーマにした二つ目の作文。この二つの文章に、何か共通する特徴を感じませんか。

じつは、二つの例文は「時系列」で書かれています。

時系列とは、時間の経過に従い、ある出来事を時間の順番に示していく方法を指します。

北海道旅行の作文では、四〇〇字近くを費やしても、まだ車は本州にいます。フェリーにも乗っていません。字数の上限は八〇〇字程度ですから、このままいけば、八〇〇字という作文の制限字数に達するところまで書き進めても、車は北海道の苫小牧港に到着していないでしょう。

もっともっと文章を圧縮したとしても、一週間のキャンプ旅行の全行程を八〇〇字程度ですべて表現するとなると、一日当たり平均、せいぜい一〇〇字強です。一日一〇〇字しか書けないとなると、各日の様子は移動コースを書いただけで終わってしまいそうです。

運動会の例文も時間の順番、つまり「時系列」で書かれています。

先に示した例文の分量は約二〇〇字強です。全体で八〇〇字という制限のうち、すでに四分の一を使ってしまいました。この作文はどうやら騎馬戦にこだわりがあるようですが、四分の一を費やし時点でも騎馬戦はまだ始まっていません。ようやく、お昼のお弁当を広げたところです。


ここで少し違う話をしましょう。

テレビのドキュメンタリー番組を思い出してください。何となく見始めて、そのうち引き込まれるように見入ってしまう。

そんな経験がありませんか？

そんな番組はどのような特徴を備えているのでしょうか？

じつは、優れたドキュメンタリー番組には、長々とした前置きや説明がほとんどありません。時間の順番を追って題材を説明していく、ということもほとんどありません。たいていの場合、衝撃的な映像や興味を持ってもらえそうなエピソードなどがいきなり画面に登場します。

武力紛争を伝える番組なら、いきなりロケット弾が炸裂する場面や被害者が泣き叫ぶ場面などが映し出されるでしょう。そして、ややしばらくの間、似たような場面が続きます。紛争が生じた歴史的経緯や最近の背景などに関する長い説明はなく、最低限の説明がナレーションや字幕で行われるだけです。それでも、視聴者を引き寄せることはできます。逆に言うと、だからこそ、視聴者を引きつけることができます。

東日本大震災を実例に考えても同じです。

二〇一一年三月一一日から、早くも五年近くが経過しました。東京電力福島第一原子力発電所の事故によって、今なお一五万人以上の人びとが避難生活を送っています。

その様子を伝える三〇分間のドキュメンタリー番組があったとして、仮に冒頭からの三分の一、つまり番組の始まりから一〇分間にわたって過去の経緯を年表や資料を使いながら示されたとしたら、あなたは見続ける気になるでしょうか。

もちろん、見続ける人もいるでしょうけれど、少なくない人が「経緯はもうわかっている」と思うに違いありません。

それよりも、仮設住宅での避難生活を今も強いられている人びとの姿をそのまま画面に映し、彼ら・彼女らが現に置かれている生活の状況、怒りや諦め、苦しさなどの肉声などを冒頭で伝えたほうがベターであり、視聴者に「もっと見よう」と思ってもらえるのではないでしょうか。

あるいは、戦争体験者の証言を題材にした番組を思い浮かべてください。

地図や年表を使った「第二次世界大戦の歴史」が、番組の冒頭から延々と続くでしょうか？　ＮＨＫ教育テレビの「日本史講座」ならそれでいいかもしれません。歴史の授業をそのまま放送する番組なら、そういった教室の授業をスタジオで再現したかたちでもかまわないでしょう。

しかし、そんな様式の番組を辛抱強く見続ける人はどれほどいるでしょうか？

教室の授業とそっくりな番組よりも、戦争体験者がいきなり画面に登場するほうがはるかに迫力があります。戦争を知る世代はもう、八〇歳を超える高齢です。そうであるからこそ、しわの入った顔、年輪を感じさせる指先、訥々とした口調といったものが、

「戦争」を知るうえでも、はるかに臨場感を感じさせるわけです。真に迫るわけです。

番組の冒頭で、カメラが住宅の居間に入り込む。ベッドで体を起こした高齢男性の様子を映しだす。さらにアップでその表情、目、手先が映る。聞き取りにくい「音」が口元から漏れてくる。でも、その口は何か大変な言葉を吐き出している――。

そういった冒頭のほうが「もっと見たい」という力を持っている。少なくとも私はそう考えています。


ドキュメンタリー番組で重要なのは、番組の構成です。

しかも冒頭が何よりも大切です。

番組が始まってすぐ、視聴者が「おもしろくないな」と感じてチャンネルを変えてしまったら、制作者は悔しくてたまらないでしょう。せっかくの苦労も報われません。どんなに優れた番組や作品であっても、見てもらえなかったら元も子もありません。

だからこそ、番組制作者は「見続けてもらう工夫」を施すわけです。

では、その工夫のポイントはどこにあるのでしょうか？

もうおわかりですね。

番組制作者は「視聴者を引き込むために、冒頭にいきなり、衝撃的な映像や印象深い場面を持ってくる」のです。長々とした背景説明や過去の経緯は、冒頭にほとんど登場しません。

視聴者をいきなり現場に連れていく。そこに重点を置いているわけです。

番組制作者は、取材相手の境遇や独白に、理不尽さや喜び、悲しみなどを感じるはずです。それを視聴者にも感じてもらいたいから、カメラを回し続けるのです。そして、その取材相手のところへ、視聴者であるあなたを連れて行きたいのです。

その時間の、その場所へ。

そこに視聴者を連れて行こうとするのです。なぜなら、ある出来事やある問題を知るためには、「机上の説明」よりも「現場」のほうが何倍もリアリティを持っているからです。

「百聞は一見にしかず」ということわざ通り、と言ってもいいでしょう。

「百の説明よりも一の現場」です。

先の文章例に即して言えば、旅行中にあなたが感じた驚き、喜び、楽しさなどを第三者に文字で伝える際、出来事を時系列で示す必要は、じつはほとんどありません。

キャンプ旅行で最も印象に残ったことをその場面から書き始めるのです。これが「いきなり現場へ」です。

以前から北海道へ行きたかった、出発前夜の準備がたいへんだった、当日出発したら首都高は意外に空いていた……。

それらは「最も印象に残ったこと」に至るまでの経過です。優れたドキュメンタリー番組がそうであるように、経過説明が必要な場合は必要最小限に止めたり、後回しにしたりする。それがポイントです。

重要

読み手をいきなり「現場」に連れていく

それが大切なのです。

最も印象的だった事柄を書くということは、その「場面」、つまり「シーン」を書くことでもあります。場面とは、言い換えれば、風景です。筆者の目に映った風景、筆者目線での風景、主観的な風景。それを書くわけです。

では、「場面」や「風景」とは、どういったものでしょうか。

当たり前の話ですが、「場面」「風景」には、形や色があります。目に映るものは、すべて色や形を伴っているからです。耳で聴いたものもあります。鼻で感じた香りもあるし、舌で感じた味もあるでしょう。皮膚で感じる風や気温、痛さ・かゆさもあります。つまり、人間の五感を総動員した結果が「場面」であり、「風景」です。さらに言えば、頭の中に生じた「感想」「印象」なども、「風景」を支える要素になります。あくまで、「支え」ですが。

この章の「オリジナルであること」の中で、「まず書くべき事柄を決めること。その事柄はオリジナルであること。オリジナルは個々人の体験という形でだれにでも備わっている」と記しました。つまり、**個々人の体験をその場面を使って書くことこそが、オリジナルの重要な構成要素**なのです。

あなたが体験した出来事はどんな様子だったのか。その場面を再現する。再現の際は、五感で得た情報、つまりその場で見たもの、見えたもの、聴いたこと、香ったもの、味わったもの、それらを色や形を示す言葉を用いながら示すわけです。そして、それらに付随して「感じたこと」を添えてもいいでしょう。

それをきっちり意識して書くのが、作文の冒頭です。

優れたドキュメンタリー番組と同様、作文構成の重要なポイントです。

「一番の一番」を探す

では、冒頭に気をつけながら、作文の書き出しを考えてみましょう。

これまでに述べた通り、作文の冒頭では、書き手の具体的な経験、つまりオリジナルを書くことが大切です。しかも、余分な前置きなしに「読み手をいきなり現場へ連れて行く」ことが大切です。
北海道キャンプ旅行の作文を題材にして、話を進めましょう。
旅行で最も印象的だった事柄は、苦労して作った初日の夕食だったと仮定します。
ふつう、以下のような書き出しを考えるかもしれません。

　北海道入りの初日、私たちはようやく洞爺湖畔のキャンプ場に着いた。大洗をフェリーで出て、すでに三〇時間以上が過ぎている。車を置いてテントを張ると、買い出しに出掛けた。キャンプ場から車で二〇分ほど行くと、地元農協のショップがあった。「北海道だから、やっぱ、ジャガイモだ」とA男。B子は

「シャケ買って、鍋もしよう」と元気いっぱいだ……


どうでしょうか。具体的な風景、場面が目に浮かびますか。

それとも、まだ、どこか物足りない感じがしたでしょうか。

どこか物足りないとしたら、それはなぜでしょうか。

もう一つ、「運動会」の作文の冒頭部分を構想してみましょう。こちらの作文は、騎馬戦について書こうとしています。騎馬戦を中心に書こうとしたら、たとえば、こんな書き出しになるでしょう。


　この前の日曜日、学校の運動会で一番印象に残ったのは騎馬戦です。僕は友達が作った馬の上に乗り、相手の帽子を取る役目でした。練習では、負けてばかりだったので、どうしても勝ちたいと思っていました。団体戦のとき、先生が「よーい」と声を出し、その後、ドンとピストルの音が聞こえました。一斉に向こうの馬がやってきます。僕の馬は右へ回ることにしました。でも、すぐ負けました。次は一対一の勝ち抜き戦でした。僕にとっては、こっちが本番です……

どう感じますか。

旅行の作文も運動会のそれも、最初に紹介した例よりは格段によくなったように見えますか。

確かに、よくなりました。

でも、まだどこかに引っ掛かりはないでしょうか。

じつは、両方ともまだ、「時系列」が残っているのです。だらだらとした、冗長な事前説明は消えましたが、「出来事が起きた順番に書く」というスタイルは完全には消えていません。

北海道旅行の作文は、夕食の料理を始める前の「買い出し」です。買い出しこそが、読み手の心をつかむための最強エピソードであれば問題ないのですが、キャンプ場に着いて、テントを張って……と文章は流れていますから、買い出しが最強エピソードかどうか、はっきりしません。

運動会も同様です。

騎馬戦の様子から始まりますが、書き手の子どもはどうやら、団体戦ではなく、一対一の勝ち抜き戦を一番大事に思っていたようです。

では、ここで書き手の子どもに少したずねてみましょう。

何を書きたいのか、を。

どんなことを書いてみたいのか、を。

ここで、先述した重要なことを思い出してください。「オリジナルであること」の中で、こんなことを記しました。

「何を書くか」をはっきりさせることができたら、その作文はもう半ばできあがったも同然です。

逆に言うと、たいていの作文は書きたいこと、書くべきことが見つかっていないから、苦労するわけです。何を書きたいか。それを見つけることができていない人に向かって、「何を書きたいの？」は愚問だと思いませんか。

自問自答する場合も同様です。

私が書くべきことは何かしら。

俺は何を書きたいのだろう。

そんな問いだけを繰り返し自分に投げかけても、おそらく、答えは見つかりません。書きたいこと、書くべきことがわかっていないから、原稿用紙のマス目を埋めることができないのです。その状態のときに「自分は何を書きたいのか」という問いは、まさにニワトリが先かタマゴが先かで悩むようなものです。

問いの言葉を少し変えてみましょう。運動会の作文において、書き手は騎馬戦のことを書こうとします。


君の見せ場は、騎馬戦だったよね？

馬の上で、いったい、相手の帽子をいくつ取ったの？

団体戦の後、一対一の対戦があったけど、惜しかったね。相手に先に帽子を取られたけど、ちょっとの差だったよね？

そのときのこと、どんなふうに覚えている？

何を覚えている？

君は何か大声で言ったり叫んだりした？
一対一で相手の馬に向かっていくときはどこを見てた？
接近戦になったとき、何を考えてた？
帽子を取られる直前、自分のほうへ伸びてくる相手の腕は見えた？
相手の表情や服の色は覚えてる？
馬を作ってくれていた友達の声は聞こえた？
君の負けを告げる先生の声は聞いた？
勝負に負けた後、友達は何て言っていた？
席に戻った後、ほかの勝ち抜き戦は見てた？
自分の席ではどんな気持ちだった？
悔しかった？
悔しくなかった？
もしかして、泣いてしまったとか？
悔しかったとしたら、どうしてだろう？

あんなに練習したから？

ずいぶん細かい問いになりました。まさに、根掘り葉掘りです。

でも、仮にこれらの質問に対する答えが、全部書き手の手中にあり、読み手に対して正確に伝えることができたとしたら、どうでしょうか。作文の最初の段落にそれらの情報が書いてあったとすれば、三五ページの例文とはずいぶん違った印象になりませんか。

時系列で示された文章だけからはわからない、細かな様子、具体的な風景、当人の気持ち。そういったものが、第三者であるあなたにも伝わってきませんか。

もうわかってきましたね。

具体的な「風景」や「場面」は、例外なく「細かい事柄」なのです。細かい事柄が積み重なって、臨場感あふれる場面を作り出しているわけです。テレビのドキュメンタリー番組は「映像」でそれらを表現し、いきなり視聴者を番組に引き込もうとします。作文は文字を使って、それらを表現し、読み手を引き込む必要があるわけです。

「運動会」を例にとって、整理していきましょう。

運動会という題で文を書くことになったとき、まず、どうすればいいのでしょうか。最初に記したように、まず「何を書くか」を決めることが一番大切です。「運動会」という題の場合、奇をてらって「人生は運動会のようだ」といった発想をすることもあるでしょう。しかし、ここでは「実際に体験した運動会」を書こうとしているわけですから、そうした発想はひとまず脇に置いてください。

「実際に体験した運動会」について書く以上、冒頭に記すべき「現場」は、その運動会の中にしかありません。それが常道です。「運動会」の題で、「音楽会」を書くことは、プロでも相当に難しいわけですから。

では、「運動会」というタイトルで何か書きなさいと言われたら、その時点で何を書くかは、もう決まっているでしょうか。

じつは決まっていません。

「運動会」は決まっていても、「運動会の何を書くか」は決まっていません。この「何を」の部分にこそ、オリジナルがあるわけです。

ここが大事なところです。「読み続けたくなる作文」と「読みたくない作文」の最初の分かれ道はここにあります。「運動会の何を書くか」。それを考えることから、すべてが始まります。

運動会と言っても、いろんな場面があるわけです。開会式、ラジオ体操、応援合戦、自分たちが出場した競技、最後の選抜リレー競技。その中で何が一番印象に残ったか考えていくわけです。今回の例では、それが騎馬戦でした。

ところが、騎馬戦だから騎馬戦を書く、は早計です。先に例示した細かな質問を思い起こしてください。ある事柄に関する質問をたくさん自分で考え、自分自身にどんどんぶつけてください。そして、その答えをどんどん思い浮かべてください。質問、答え、質問、答えのくり返し。それらをどんどん増やし、手中に収めてください。

そういった細かい作業を繰り返していると、単なる「騎馬戦」だけでなく、「騎馬戦の中で一番印象に残ったこと」が自分でわかるようになってきます。

しかも、そうした回答にはたいてい、「悔しかった」「うれしかった」といった本人の気持ち、感情が伴っています。

つまり、「一番印象に残ったこと」には、何らかの特別な思いがあるからこそ、「一番」になっているわけです。そして、**その「一番」を感じ取った瞬間には、かならず「風景」「場面」があります。それを考え**、**考え抜き**、**発見する。それこそが「書くべきことを見つける」作業です。それが見つかれば**、**作文は半分書けたも同然なのです。**

運動会で一番印象に残っていることは？　その質問には、こう答えましょう。

それは「運動会での一番」を探す作業である、と。

そして、こんなふうに続けて考えてください。

（運動会での一番が騎馬戦だった場合）

騎馬戦の中で一番印象に残っている場面は？

相手と向き合ったとき、相手のどこを見てた？

それはどうして？


もう、おわかりですね？

こうした**自問自答のくり返しこそが「一番の一番」を探す作業です。**

「一番の一番」が見つかったら、いよいよ書き始めましょう。逆に言えば、「一番の一番」が見つからない場合は、まだ機が熟していません。書き始めても、原稿用紙に向かったペンやパソコンのキーボードを打つ指は、どこかの時点で止まってしまいます。

冒頭の「一番の一番」が重要

縁もゆかりもない第三者に読んでもらう以上、その作文には「読んでもらう工夫」が必要です。

その工夫とは何か。ここまで三点を述べました。

重要

・内容がオリジナルであること
・余計な事前説明を行わず、冒頭でいきなり読み手を現場へ連れていくこと
・何を一番書きたいか、「一番の中の一番」を探すこと

これら三点は、じつは互いに密接に絡み合っています。

逆に言うと、三点がお互いの接点を失い、バラバラになってしまうようだと、その作文からは輝きが失われてしまいます。

ここでも「運動会」を例にして、順々に説明してゆきましょう。

運動会の中で一番印象に残ったのは、騎馬戦でした。

では、どうして騎馬戦が印象に残ったのでしょうか。それは書き手である子どもが、負けて悔しかったからです。つまり、運動会の「一番」は騎馬戦、「一番の一番」は敗北の瞬間、その瞬間の風景、その瞬間の悔しさです。

では、それに沿った形で作文を書いてみましょう。

注意すべきは、次の二点です。

重要

- **くどくどした余分な説明を事前にしない。いきなり「現場」へ**
- **「場面」「風景」を書く。色や形といった具体性を重視する**

大事なところです。もう一度、説明しましょう。

作文の冒頭、具体的な場面が書かれるよりも前に、状況の説明や経緯が長々と書かれていたら、第三者である読み手は「早く本筋に入ってくれないかな」といら立ちます。

たとえば、ニュース番組のスポーツ・コーナーでも、同じことが言えそうです。大切なサッカーの試合結果を伝えるニュース。そのとき、せっかくスポーツ・コーナーが始まっても、解説者やアナウンサーが以前の試合のことを話し続け、なかなか当日の試合結果を放送しないとしたら、どうでしょうか。「早く、試合の様子を映像で流して」と、だれもがイライラするでしょう。

八〇〇字程度の作文も同じです。

文庫本で何ページにもなる小説ではないわけですから、「いきなり現場へ」「いきなり最も大事な場面へ」がいっそう大切になります。

では、ここで運動会を題材にした三つの作文を並べてみましょう。

例文1は典型的な「時系列」の作文です。

（例文1）

　待ちに待った運動会の日は、朝から晴れでした。僕は起きたときからドキドキだった。一番練習していた騎馬戦は、午後一時からです。練習ではずっとライバルに負けていたけど、きょうは負けたくないと思いました。

　学校に行き、着替えて、先生の注意を聞きました。それから校庭に出て椅子を並べた。準備が終わると、僕は隅っこで友達と騎馬をつくって、練習です。午前中は五〇メートルの徒競走に出て、ダンスを踊りました。お昼休みは、クラスの友達とお弁当を食べました。

この作文は二一七文字です。全体の制限が八〇〇字だとすると、四分の一を費やしたことになります。

次の例文2は「時系列」の要素を削り、「運動会の一番」を取り出した作文です。「運動会の一番の一番」ではありません。ですから、「時系列」の要素も残っています。

読んでみてください。

（例文2）

この前の日曜日、学校の運動会で一番印象に残ったのは騎馬戦です。僕は友達が作った馬の上に乗り、相手の帽子を取る役目でした。

練習では、負けてばかりだったので、どう

しても勝ちたいと思っていました。団体戦の
とき、先生が「よーい」と声を出し、その後、
ドンとピストルの音が聞こえました。一斉に
向こうの馬がやってきます。僕の馬は右へ回
ることにしました。でも、すぐ負けました。
次一対一の勝ち抜き戦でした。僕にとっては、
こっちが本番です。

これで二〇七字です。最後の例文3は、「運動会の一番の一番」を見つけ出し、「いきなり読み手を現場に連れていく」作文例です。「時系列」の要素をほぼ完璧に取り除かれています。

（例文3）

　友だちが作った騎馬の上で、僕はチャンスをねらっていました。相手の騎馬は強そうに見えます。しかも上に乗るのはK君。体は小さいけれど、運動神経は抜群です。僕と青いシャツのK君。二人はにらみ合っていました。

　年に一度の運動会。競技はほとんど残っていないのに、その時点で僕たちの赤組は負けていました。騎馬戦で白組に勝たないと、優勝の望みはありません。

　ピストルの音が鳴りました。「右、右」。

馬をつくっている先頭のA君に大声で言いました。馬は、すすーっと右へ回り込みます。

「今だ！行け、行け、行け」


例文3は二四一字です。

それぞれの文字数の差は、最大で四〇字ほど。つまり四〇〇字詰め原稿用紙にして二行ほどに過ぎません。

三つを一読していかがでしょうか。

四〇字の差を抜きにして考えても、断然、三番目の作文に読み応えを感じませんか。


ここからは、おさらいです。

例文2は「騎馬戦が一番印象に残った」という「一番」は、きちんと書かれています。

ところが、騎馬戦にも当然、時系列はあります。プログラムに沿って競技は進み、時間の経過とともに勝敗も決します。ですから、書き手にとって大事なことは、騎馬戦という「一番」をさらに分解して、「一番の一番」を見つけ出すことなのです。

騎馬戦も選手の入場から始まって、「位置について」「ヨーイ・ドン」「対戦開始」「勝ち負け決定」など、いろんな場面があるでしょう。そんなとき、たとえば、選手の入場から時間の経過に沿って順番に書いていくと、どんな感じになるでしょうか。

読み手をいきなり現場に連れていくという要素は満たしていますが、それだけでは「いきなり度」が足りないのです。もっと、ぐぐーっと、「一番の一番」に焦点を当て、そこを拡大し、読み手に伝えなければなりません。

言い換えれば、こういうことです。

「一番」は、一定程度の長さの時間を含んでいます。

「一番の一番」はもっと短く、いわば「瞬間」に近い感覚です。

瞬間を切り取ると、そこには切り取られた「風景」があります。風景には色や形、匂いなどを伴っています。例文3の場合、その「風景」は、騎馬の上から見たものでした。相手のK君の様子、同じ赤組のA君。わずかな文字数ですが、緊張して騎馬戦に向かう筆者の様子が描けていると思います。同時に、これが運動会の一場面であることや、筆者のチームが負けているといった最低限の説明もできています。

この節の最初に次の三点は絡み合っていると記しました。

・内容がオリジナルであること。
・余計な事前説明を行わず、冒頭でいきなり現場に読み手を連れていくこと
・何を一番書きたいか、「一番の中の一番」を探すこと。

もうおわかりだと思います。「一番の中の一番」を自分自身で見極めていく作業は必然的に、過去の経験から一定程度の時間を切り取って思い起こす作業です。**「一番の一番」を探す作業は、切り取る時間をより短くしていく作業であり、それを続けていると、最後は「瞬間」に近づいていきます。**

写真がそうであるように、「瞬間」には映像があります。もちろん、「一番の一番」に達する前の「一番」にも映像はありますが、それは動画に近い感覚です。写真か動画か。どちらが良いか悪いか、どちらが適切か否か。それに対する答えはありません。冒頭に書こうとする「場面」「風景」、つまり具体的エピソードの内容によって、あなた自身が自在に決めれば良いと思います。

結局、こういうことです。

何かのタイトルが出されたとき、たとえば、運動会なら運動会、遠足なら遠足、旅行なら旅行、そういった題が出されたときはまず、こういうふうに考えましょう。「遠足で一番楽しかったことは何か」「運動会で一番心に残ったことは何か」と。**その「一番」を自分で探し出し、見つけて、さらに「一番の一番」を自問自答によって探しだす。そしていきなり、その「一番の一番」から書き始める。**そこにポイントがあります。

ところで、作文の冒頭とは、どの程度の長さでしょうか。

作文には「構成」が欠かせません。
次節からは、「作文の構成」を考えていきます。

〝起承転結〟でながれをつくる

作文の構成を考える際、もっともわかりやすい形があります。「起承転結」です。「起承転結」は一番単純な形式であり、作文の全体を内容によって大きく四つのブロックに分けて構成する考え方です。
八〇〇字程度の作文を起承転結で構成すると、次のような形になります。文字数はあくまで目安です。

重要

「起」＝冒頭の書き出し。いきなり現場へ。二〇〇〜三〇〇字
「承」＝「起」に関する状況説明、意味や背景など。一〇〇〜二〇〇字

「転」＝冒頭の実例を展開・転回させる箇所。三〇〇字
「結」＝作文全体の結論。言いたいことをまとめる。残り字数

　このうち、「起」についてはすでに長く述べてきました。

　では、「起」の後につながる「承」とは何でしょうか。何を書けばよいのでしょうか。

　作文は冒頭がすべて、と繰り返してきました。

　冒頭に必要なのは「風景」「場面」であり、それらは極力具体性を持たせないといけない、と強調してきました。「風景」「場面」とは、すなわち、色や形、場合によっては香りや皮膚感覚も伴います。

　それらは、過去のある時間帯、とくに「瞬間」に近い時間帯を切り取り、思いだし、文字で再構成する作業です。細かいことにこだわり、場合によっては徹底して色や形を思い起こす作業になります。

　これらは虫眼鏡を使って観察する様子に似ています。「虫の目」と言い換えることもできそうです。

これに対し、「起」に続く「承」は、冒頭のエピソードに関する状況説明、背景や意味の説明を行う箇所です。「起」を「承って」、説明する部分なのです。

細かな風景や場面が書かれていても、あまりに細かいと、いったいそれはどんな状況下の出来事なのか、即座には判断できないことがあります。先の騎馬戦の例で言えば、冒頭の数行だけを読むと、具体性はあるけれど、いったい、どういう催しの中での騎馬戦だったのか、即座に読み手は判断できません。

騎馬戦に関する三つの作文例。その三番目を再掲しながら考えてみましょう。

例文3の、まずは一段落目です。

　友だちが作った騎馬の上で、僕はチャンスをねらっていました。相手の騎馬は強そうに見えます。しかも上に乗るのはK君。体は小

さいけれど、運動神経は抜群です。僕と青い
シャツのK君はにらみ合っていました。

「瞬間」を切り取ることはできています。具体的で「いきなり現場へ」もできています。

しかし、この騎馬戦はどういう状況下で行われたのか、これだけではわかりません。

全国大会なのか。

近所の公園での遊びか。

それともまったく違う状況なのか。

その全体状況を示す情報を読み手に早めに伝えないと、これもまた、読み手を混乱させる要因になります。

例文3に二段落目を付け加え、以下に再掲します。もう一度、読んでください。

　友だちが作った騎馬の上で、僕はチャンスをねらっていました。相手の騎馬は強そうに見えます。しかも上に乗るのはK君。体は小さいけれど、運動神経は抜群です。僕と青いシャツのK君はにらみ合っていました。

　年に一度の運動会。競技はほとんど残っていないのに、その時点で僕たちの赤組は負けていました。騎馬戦で白組に勝たないと、優勝の望みはありません。

どんな状況を読み取ることができるでしょうか。

「運動会」とありますから、おそらく学校の運動会だと想像できそうです。子どもたちは、赤組と白組に分かれて闘っており、書き手の子どもが属する赤組は劣勢です。運動会自体も終盤に差し掛かっています。この学校では、運動会は年に一回、ということもわかります。

冒頭部分を詳しく具体的に書くことは、いわば「虫の目」であると言いました。これに対し、冒頭エピソードの「状況説明」を行う「承」は、「鳥の目」です。少し空高く舞い上がって全体を見下ろしながら、「起」のエピソードが、どこで、どんな状況下で生じているのかを記すわけです。

この「鳥の目」が欠落したまま長い文章を読まされると、読み手はだんだん、困惑してきます。

「いったい、この人は何を書いているんだろう」「何を書きたいんだろう」と。

この本でめざすのは、八〇〇字程度の作文を上手に仕上げることです。小説や脚本を書くわけではありません。度肝を抜くようなストーリー展開を目指すわけでもありません。

ですから、読み手をいきなり現場に連れて行った後は、遅くならないうちに全体状況を説明して、読み手を安心させましょう。

さらに先へ進みます。

作文全体を「起」「承」「転」「結」の四ブロックで構成するとき、「承」の次に出てくるのは「転」です。

ここは、何を記すべき箇所でしょうか。

先ほどの説明では、「転」は「冒頭の実例を展開・転回させる箇所」であると記しました。筆者は「転」は「展」でもある、とも考えています。ですから、「起承転結」は「起承転(展)結」とも表現しています。

どういうことでしょうか。少し説明しましょう。

「展」の展開は文字通り、「広げていく」というニュアンスがあります。どちらかというと、「横に広げていく」イメージです。「面的な広がり」と言っても良いかもしれません。

たとえば、「起」で以下のような文章があったとします。

テーブルには空の皿が二〇枚以上も積み重なっていた。下の方の皿は、醤油がもう乾き、こびりついている。真ん中あたりの皿からは、緑色のバランがはみ出ている。それでも、レーンを流れてくれる寿司に一郎は手を伸ばした。

「まだ食べるの？」

向かいに座った花子が呆れたように言った。混み合った店内。その声が聞こえたのか聞こえなかったのか、一郎は何も言わず、またマグロ赤身の一五〇円皿を引き寄せた。

本当に一郎はよく食べる。回転寿司は最低でも週一、二回。二五回目の誕生日だったこの日は、じつは二日連続の回転寿司だった。

この文章は冒頭から「一五〇円皿を引き寄せた」までの、傍線部分が「起」に相当します。回転寿司店でひたすら食べる一郎の「場面」を書き込むことで、読み手を「現場に連れていく」ことに成功しています。「空の皿が二〇枚以上」「醤油が乾き、こびりついている」などの文章は具体的で、場面が持つ「色」や「形」が十分に伝わってきます。「虫の目」に徹して書くことで、一定程度の成功を収めたと言えるでしょう。

これに対し、「承」は「鳥の目」です。

この例文では「本当に一郎はよく食べる」から「二日連続の回転寿司だった」までの、傍線を付していない部分が「承」に相当します。

一郎はふだんから食べることが好き、とりわけ回転寿司店によく通うことが書かれています。この説明によって、「起」で示した「場面」が、一郎にとっては決して特別な出来事ではないことを示しています。

先述したように、「承」は、冒頭の書き出しで示したエピソードの状況を説明する役割を負っています。その点から見ても、前記の文章例は「承」の役割を過不足なく果たしていると言えるでしょう。

そこで問題になるのが、「承」の次。つまり、「起承転(展)結」の「転(展)」です。

一郎は回転寿司が大好きですが、「本当に一郎はよく食べる」の一文が示すように、寿司だけでなく、どんな料理でもよく食べるのかもしれません。いわゆる大食漢かもしれません。

仮に、一番伝えたいことが「一郎の大食漢ぶり」だったとすれば、「展」においては、一郎の大食漢ぶりを示すほかのエピソードをいくつか並べていけばよいのです。回転寿司の実例と同じような事例を「並列」で積み重ねていく。それが「横に広げていくイメージ」です。

同じような意味を持つエピソードを次々にならべていくと、結果として「起」で言いたかった内容（この場合は「大食漢ぶり」）がさらに強調される結果になります。

たとえば、こういう文章です。


　一郎が好きなのは、回転寿司だけではない。

　誕生日の前日は、友人と焼き肉を食べに出掛け、一人で五人分の肉を胃袋に入れてしまったと聞いた。その前日は自宅で鍋。さらにその前日には、三食とも牛丼の特盛りを食したらしい。

　本当に何でも食べる。決して美食家ではない。ひたすら量を食べるのだ。

読んでいるだけで、胸やけがしそうな食べ方です。この例文では「焼き肉」「牛丼」「鍋」といったように、ほかの食べ物もどんどん食べていることを記し、大食漢ぶりを示すエピソードを積み重ねています。「横に広げている」わけです。

文字数が許せば、「天ぷら」「洋食」「ラーメン」といった種類をいくらでも書き込むことができるでしょう。際限なく、横に広げることができそうです。

ここで立ち止まって考えてみましょう。

前記のように、「一郎の大食漢ぶり」に関して似たような事例をひたすら並列に積み重ね、エピソードを横に広げていくと、この作文のテーマは「一郎の大食漢ぶり」に固まってきます。

それ以外の主題、たとえば食糧問題や食べ残し問題、ファストフードが抱える問題といった、いわゆる社会問題のような内容はこの先、どうも書きにくいな、と思いませんか?

「起」「承」「転(展)」「結」のうち、「転(展)」は全体の三ブロック目。競馬で言えば、第三コーナーです。そこを曲がりきってしまうと、最後は正面スタンド前の直線しか残されていません。ゴールに向かって一直線に飛び込んでいくわけです。先頭に立って逃げ切りを図るか、直線で一気に後ろから抜きにかかるか。レース全体の様相は、この第三コーナー付近で見えてきます。

作文も同じです。

三ブロック目は、作文の性格を決めてしまう内容を持っています。

この時点でどっちの方向を向くか。上か下か、右か左か。それによって全体が見えてきます。書き手は何を伝えようとしているのか、作文全体の意図が見えてきます。

ここで大事なのは、「転(展)」と「結」の強固な結びつきです。三ブロック目の「転(展)」で書いた内容はそのまま第四コーナー、つまり「結」に向かっていくわけですから、三ブロックと掛け離れた内容は結論に書けません。

わかりにくければ、こういうふうに考えてみましょう。

作文の「起」「承」「転(展)」「結」は、それぞれが個別のお団子です。

けれども、お団子がぐちゃぐちゃの状態で串に刺してあると、食べにくい。口元を汚すかもしれないし、落としてしまうかもしれません。四個のお団子が一本の串にきちんと並んでいるほうが食べやすい。それは当たり前です。安心です。お団子一つひとつの出来映えも大事ですが、全体としてきれいに串に刺さっていないと、食べる気も起きないでしょう。

作文も同じです。

「起承転（展）結」というそれぞれの、計四個のお団子も大事です。そして同程度か、それ以上に串も重要です。串が曲がったり、長さが足りなかったりすると、やはり食べにくいのです。ですから、作文では串も大事にしないといけません。三個目までをきちんと串に通したら、四個目も同じ一本の、まっすぐな串に刺す必要があります。三ブロック目と四ブロック目が強固につながっているとは、そういう意味です。

先の例文では、「転（展）」において、一郎の大食漢ぶりを示すエピソードを並列に記しました。結論もこれに沿った内容にならざるを得ないでしょう。「串はまっすぐ」なのですから、「一郎」という一個人の大食漢ぶりを書き連ねた後の結論部分において、開発途上国の飢餓問題を記すと場違いです。拒食症の問題を説き起こすのも、どこか違和感があります。

もし、この作文の作者が「テーマは食べ残し」だと考えていたら、三ブロック目は違う内容にする必要があります。

　一郎が好きなのは、回転寿司だけではない。誕生日の前日は、友人と焼き肉を食べに出掛け、一人で五人分の肉を胃袋に入れてしまったと聞いた。確かに大食漢だ。

　ただ、彼は「絶対に食べ残しをしない」という、ある種の哲学を持っている。どんなに注文しても絶対に残さない。必要以上に注文もしない。誕生日の回転寿司店では、大勢の客が皿に寿司を残していた。それを見ながら。
一郎は「許せないよね。食料を何だと思って
るんだ」と憤った。
　全て食べきる。その哲学は、ある日の体験
から生まれたらしい。店を出て駐車場に向か
いながら、一郎はその体験を語った。

どうでしょう？　まったく違った展開になっていませんか？

先に示した「横に広げるイメージ」の「展」は、まさに「展開」でした。こちらで示した文章は、同じような例を並列に並べてはいません。むしろ、回転寿司での体験をもとに、ある問題を掘り下げていくようなイメージがあります。「哲学」を有する原因になった「体験」の中身次第では、食糧問題や飢餓問題、幼少期の貧困問題、そういった

内容にまで話が進みそうなイメージもあります。

「横に広げる」と「掘り下げる」。

どちらも冒頭で示した回転寿司店での「現場」を出発点とした流れの中で登場する内容ですが、最終の第四ブロックに向かって、その方角は明らかに違いが出てきます。それは、作文全体の「性格＝主題（テーマ）」が変わってくるということです。

いったい、あなたは何のために作文を書いているのか。
作文を通じて、だれに何を訴えかけたいのか。
あなた自身の目線はどこに向いているのか。

そういった根本が明らかになるのが、この第三ブロックなのです。
従って「自分が書きたいこと」を事前に整理できていないと、第三ブロックで筆は止まってしまいます。未整理のまま無理に筆を進めようとすれば、おそらく串が曲がってしまうか、もしくは、お団子はちゃんと見えているのに、串にきちんと刺さっていない、という状態に陥ってしまうでしょう。

その意味で、「転（展）」の内容は無尽蔵です。あらゆる展開、転回の可能性があります。第三ブロックの内容次第で作文の性格、印象がガラリと変わる。その実例を最後に一つだけ示し、いよいよ「起承転（展）結」の最後、「結」へ向かうことにしましょう。

一郎が好きなのは、回転寿司だけではない。
誕生日の前日は、友人と焼き肉を食べに出掛け、一人で五人分の肉を胃袋に入れてしまったと聞いた。確かに大食漢だ。
ただ、彼は満腹になった後、いつも最寄り

駅近くにたむろするホームレスを思い起こすという。なぜなら、一郎自身がほんの数年前まで、いつ、ホームレスになっても不思議ではない毎日を送っていたからだ。

　いつ雇い止めになるかわからない派遣社員生活。工場から工場へ派遣先が変わる度、住み慣れたと思った土地を離れ、見知らぬ土地へ転居した。あまりにも職場を変わりすぎ、まともな友人もできない。「そんな生活を脱し、今の身分になったのはある意味奇跡なんだ」と、一郎はいつも話す。

完成度高める「結」

さて、起承転結の「結」にたどり着きました。

「結」は文字通り、作文全体の「結論」「結語」です。いったい、何を書きたかったのか、訴えたかったのか。それを明示的に書きます。作文全体の中で、最も「主張」「意見」が色濃く出る部分でもあります。

結論の書き方には、大きく言って二つの方法があります。まずは、それを頭に入れてください。

第一に、作文の書き手である「私」を前面に押し出しながら、自分自身の意見をストレートにマス目にぶつける方法があります。文章としては、たとえば、「私は～と思う」「私は～と考える」「私は～したい」「私は～な人間をめざす」といった表現が思い浮かぶはずです。

二つ目は、「自分の意見や感想を、事実によって語らせる」という方法です。この手法を取った場合、「私は〜と思う」といった形式の文章は登場しません。その代わり、自分の言いたいことを文字通り、第三者の言葉や出来事、場面といった「事実」に代弁してもらうわけです。

早速、参考例を示しながら、考えてみましょう。

例文はこの直前の、「一郎の大食漢」ぶりについて書かれた文章です。

【起】

　テーブルには空の皿が二〇枚以上も積み重なっていた。下の方の皿は、醤油がもう乾き、こびりついている。真ん中あたりの皿からは、緑色のバランがはみ出ている。それでも、レーンを流れてくれる寿司に一郎は手を伸ばした。

「まだ食べるの？」

　向かいに座った花子が呆れたように言った。

混み合った店内。その声が聞こえたのか聞こえなかったのか、一郎は何も言わず、またマグロ赤身の一五〇円皿を引き寄せた。

【承】

　本当に一郎はよく食べる。回転寿司は最低でも週一、二回。二五回目の誕生日だったこの日は、じつは二日連続の回転寿司だった。

　一郎が好きなのは、回転寿司だけではない。誕生日の前日は、友人と焼き肉を食べに出掛け、一人で五人分の肉を胃袋に入れてしまったと聞いた。確かに大食漢だ。

【転（展）】

　彼は満腹になった後、いつも最寄り駅近くにたむろするホームレスを思い起こすという。なぜなら、一郎自身がほんの数年前まで、いつ、ホームレスになっても不思議ではない毎日を送っていたからだ。

　いつ雇い止めになるかわからない派遣社員生活。工場から工場へ派遣先が変わる度、住み慣れたと思った土地を離れ、見知らぬ土地へ転居した。あまりにも職場を変わりすぎ、まともな友人もできなかった。「そんな貧困を脱して今の身分になったのはある意味奇跡なんだ」と、一郎は話す。そして「若者の貧困こそ現代社会の最大の問題」と。

以上の三ブロックが「起承転（展）結」の「結」を除いた部分です。

お団子の比喩で言えば、色と味の違う団子が三個並んだ状態です。しかも三個の団子は、まっすぐな竹串にきれいに刺さっています。残りは最後に食べてもらう一個。

最後の団子も色や形は微妙に違うでしょうが、きれいに串に刺さねばなりません。せっかくですから、口元や手を汚すことがないよう、きれいに食べてもらい、「ああ、おいしかった」と言ってもらいましょう。

まずは「結」の二通りの書き方のうち、「私は〜と思う」「私は〜したい」といった、書き手が前面に出てくる「結」を考えてみましょう。

前記の例文の三ブロック目では、「ホームレス」「貧困」「派遣社員」といった言葉が登場します。作文全体の性格を決定づける「転(展)」の部分ですから、これらの言葉がどうやら作文全体のキーワードのようです。

そこで、「結」について、こんな例文を考えてみました。

「しかし」と私は思う。親友の一郎の生き方を肯定したり、支持したりすることは、とてもできない。

「貧困が最大の問題」と言いつつ、彼はそれを真剣に考えていない。あまりにも個人主義だと思う。貧しい派遣の日々を抜け出した自分は「勝ち組」だと考えているに違いないし、あれほどまでにたくさんの料理を食するのも、「勝ち組」になった自分を確認する作業なのではないか、とさえ思う。

おそらく、一郎と同じような人は、日本のあちこちにいる。そんな人が個人的な成功体験をいくら誇ってみても、貧困問題は何も解決しないと、私は強く思う。

　貧困問題はあらゆる政策を動員し、社会全
体で取り組んで解決していくしかない。

では、もう一つの「事実によって自分の意見や考えを代弁させる」手法を使って、「結」を作ってみましょう。

　そんな親友の、まったく違う面を目の当た
りにしたことがある。
　一カ月ほど前、夜の最寄り駅での出来事だ。
ホームレスたちに向かって、一郎は「バカだ
な、おまえら」と言い放ち、彼らを見下ろし

たまま動かない。そして「勝ち組になりたくても、おまえらには無理だぞ」と大声を出した。酔っていたとは言え、いつもの彼とは別人だ。

　私は落ち着きを取り戻した一郎に「貧困は個人の競争でしか解決できないと思うのか？社会問題だから社会全体で解決すべきじゃないのか？」と問うた。答えは短かった。

　「まず、這い上がることだ。個人の努力が大前提さ」。それは違う、全員が等しく這い上がれるはずないよ、と私は反論を続けた。

みんなが寿司を腹いっぱい口にできる社会は
個人の努力では無理なんだ、と。
深夜の駅前。酔った親友に向かっての、真
剣な反論だった。彼が背を向けても、私は反
論を止めなかった。

作文の書き手である「私」の意見を「私〜と思う」というスタイルでは記していません。ほとんどを「夜の駅前」で起きた「出来事」によって記しています。この方法が「事実をもって語らせる」「事実や出来事に代弁してもらう」という方法です。

どちらが良いか悪いか。それは簡単に言えません。強いて言えば、自分という人間を前面に押し出したい場合は「私は〜と思う」式の書き方を用い、最後までルポルタージュ、ノンフィクションのようにまとめたいなら「事実をもって語らせる」方式を用いるべきでしょう。

ただし、後者を採用した場合、注意すべき点があります。
「事実をもって語らせる」の「事実」が適切でなかった場合、いったい何を訴えたい作文なのか、筆者が伝えたいことは何か、そういった肝心な点がぼやけてしまうかもしれない、ということです。「かもしれない」というよりも、その危険性が高い、と言い換えてもいいでしょう。

結論部分のおおよそ二〇〇文字が風景描写の域を出ていなければ、全体の読後感もぼやけてしまいます。単なるエッセイで終わってしまうかもしれません。ですから、「結論にふさわしい出来事」＝「自分の伝えたいことを象徴的に示してくれるエピソード」を思い浮かべることができない場合は、前者の「私は〜と思う」式を選択したほうが無難です。

「結」を記すに当たっては、もう一つのコツもあります。
それは「冒頭で記した具体的エピソードに還る」「冒頭の場面を再度、違う形で用いる」という手法です。最初に登場するエピソードを最後の締めでも使うわけですから、ちゃんと書けば、完成度は高くなります。

七七ページの例文を用い、「冒頭のエピソードに還る」形式の「結」を書いてみましょう。

　そんな親友の、まったく違う面を目の当たりにしたことがある。

　一カ月ほど前の、夜の最寄り駅。ホームレスたちに向かって、一郎が「バカだな、おまえら」と言い放った。彼らを見下ろしたまま、一郎は動かない。そして「勝ち組になりたくても、おまえらには無理だぞ」と大声を出した。酔っていたとは言え、いつもの彼とは別人だ。

「貧困は個人の競争でしか解決できないと思うのか？　社会問題だから社会全体で解決すべきじゃないのか？」。落ち着きを取り戻した一郎にそう問うた。答えは短かった。

「まず、這い上がることだ。個人の努力が大前提さ」。それは違う、全員が等しく這い上がれるはずないよ、と私は反論を続けた。この前、おまえの彼女も一緒に回転寿司をたらふく食ったけれど、みんながみんな、寿司を腹いっぱい口にできる社会は、個人の努力では無理なんだ、と。

　深夜の駅前。酔った親友に向かっての、真剣な反論だった。彼が背を向けても、私は反論をやめなかった。


　ポイントは、末尾近くの「この前、おまえの彼女も一緒に回転寿司をたらふく食ったけれど」という一文です。冒頭に記した回転寿司店でのシーン。それを再び記すことによって、「締め効果」の増幅を狙ったわけです。

　ここで一つ、たとえ話を出しておきましょう。

　作文を書くときの「イメージづくり」の参考程度の話、と思って読んでください。

　これまでに記してきた「八〇〇字程度の作文を書く作業」は、「五円玉の穴を通して広い世界を見通す作業」に似ています。

あなたの目の前には、いくつかの五円玉が転がっています。その中からまず、もっとも気になる五円玉を拾い上げましょう。そして、徹底的に五円玉の様子を観察しましょう。

色つやはどうか、欠けている部分はないか、汚れ具合や錆び具合はどうか。それをじっくり観察しましょう。

詳しく観察するためには、五円玉との距離が遠いとダメです。一メートルも二メートルも離れていては、詳しく観察できません。ですから、五円玉をぐっと引き寄せ、目の前でじっくり見ましょう。ひっくり返したり、斜めから見たり。もしかしたら虫眼鏡が必要になるかもしれません。とにかく細部を観察するのです。そうやって、どんどん、どんどん、あなたの目と五円玉の距離を縮めていくと、最後は五円玉の穴を通して、向こう側の景色が見えます。

最初は五円玉を徹底的に観察して細部にこだわり(=虫の目)、コインが置かれている状況を俯瞰して(=鳥の目)、次に穴を通してどの方角を見るかを決めて(=起承転結の「転(展)」)、そうして最後は穴から見える世界そのものを書く(=結論)。

コインの穴から向こう側をのぞき込むとき、どの方向を見るのか。上か下か、右か左か。それは書き手のセンス、問題意識によって決まります。

いかがでしょう。

ぼんやりとイメージできるでしょうか。

「何となくわかる」という程度でかまいません。「何となくわかる」となったら、次に進みましょう。次は「一つひとつの文章をどう書けばいいか」です。センテンスごとのコツをお教えします。

第2章

一文一文を正確に書く

曖昧な言葉よりも具体的な言葉を

いったい、どのような練習を重ねれば作文は上達するでしょうか？

八〇〇字程度の作文を仕上げる際は「何をどう書くか」、つまり全体の構成がとても重要です。その点については前章でたっぷり説明しました。

構成が固まっても、それで終わりではありません。自分の知らないだれかが、いつ、どこで読むかわからない。それを前提に書くわけですから、「わかりやすさ」が何よりも重要です。

その考え方に沿って、この章では文の一つひとつ、センテンスごとの文章をどうわかりやすく書くかを考えていきましょう。

ところで、「わかりやすい文章」とは何でしょうか。逆に言うと、どんな書き方だと「わかりにくい文章」になるのでしょうか。まず、次の一文を読んでみてください。

「きれいだね」と一郎。
「本当にきれいね」と順子。
その直後、強い風が吹いた。

文章はたった三つです。「カギカッコ」や「マル」を含めてわずか四〇文字足らずの分量しかありません。

これで何が伝わるでしょうか?

二人は何かを見ました。そして、まず一郎が「きれいだね」と言いました。その台詞に応え、順子が「本当にきれいね」と口にしています。この三文が含む情報は、おおよそ以下のような内容でしょう。

・言葉を先に発したのは一郎。次に順子。発言の順番が特定できる。
・二人が何かを見たのは、ほぼ同時。

・二人が言葉を発した後に強い風が吹いた。
・二人とも「きれいだ」と感じた。
・「きれい」という感じ方の程度は、二人ともほぼ同レベル。

では逆に、この三文ではわからない、あるいは、確定できない情報には、どんなものがあるでしょうか。

・何を見たのか
・見た場所、およびその時期や日時
・二人の関係
・このときの二人の動作や態度の状況
・二人がいた場所の状況

ほかにも挙げることができる項目はあると思います。「強い風が吹いた」だけでは、二人が屋外にいたのか、屋内にいたのかも判然としません。室内から窓の外を見て、「きれい」と発した可能性も残るからです。

つまり、第三者からすれば、この三文だけではわからないことだらけです。具体的な状況や個人の情報は、ほとんど何も伝わっていません。

それとは反対に、一郎と順子という当人たちにとっては、じつは、この三文で十分なのです。なぜなら二人はこのときの経験を共有していますから、「何を見たのか」「見た場所や日時」「その時の状況」といった情報は、あらかじめ頭の中にインプットされているからです。もっと極端に言えば、二人の間だけのコミュニケーションなら、もっと短い文章にすることも可能です。

「きれいだね」
「本当にきれいね」

これだけです。これだけで「何かを伝える」というコミュニケーションは成立しています。

筆者は言語の専門家でも何でもありませんが、たとえば、福島県の浜通り地方では、「食べなさい」という意味の言葉を「けっ」と言うそうです。「食べなさい」が「食え」になり、それが訛りで「けっ」になったようです。「食べなさい」を意味する言葉としては、日本最短かもしれません。

「けっ」

これだけです。

この「けっ」についても、特定地域の、特定の言語文化を共有する人たちの間だけで成立するコミュニケーションです。同じ東北地方でも、域外の方は意味がわからない場合もあるでしょう。

作文の場合も考え方は同じです。

一文一文の長短に関係なく、経験や文化・習慣などを共有する人びとのみが読み手であるなら、わずかな文字しか記されていなくても、コミュニケーションに大きな問題は生じません。「自分の伝えたい事柄を相手に正確に伝える」という目標は十分に達成できるでしょう。

一方、「自分の知らない人が、いつ、どこで、どんな状況下で読むのかわからない」ことが前提となっている文章だと、どうでしょうか？　伝えたい事柄を正確に伝えることはできるでしょうか？

次の一文を見てください。

本当に暑い一日だった。
立っているだけで、私の顔から汗が噴き出した。

夏の暑い日、「書き手の私」は屋外にいて、汗が噴き出した——。そんな情景を読み取ることができそうです。

しかし、「いつ、どこで、だれが読むかわからない」ことを前提にすると、事情は少々異なってきます。

「暑い」とは、何でしょうか？

「暑い」の反対は「寒い」です。「暑い」「寒い」は「比較」の問題でもあります。そう考えると、同じ日に同じ場所に立っていたとしても、北海道出身の方は「暑い」と感じ、沖縄出身の方は「涼しい」と感じるかもしれません。

実際、そういったことは日常でもしばしば生じています。つまり、「暑い」にはずいぶんと幅があるわけです。同じように「きれい」の言葉にも幅があります。

だいたいにおいて、「美しい」「寒い」「きれい」といった形容詞は、その語句が指し示す範囲が大きく広がっています。形容詞だけではありません。似たような言葉は、いくらでも探すことができるでしょう。

たとえば、「日本人」という言葉。「日本人」が指し示す範囲は、どの程度まで広がっているでしょうか？

•日本人を両親に持ちながら、外国で生まれ育ち、日本語や日本文化をほとんど知らない人は「日本人」でしょうか？
・日本で生まれ育ったのに、外国の国籍を取得した人は「日本人」でしょうか？
・中国で生まれ育って、日本国籍を取得したばかりの人は「日本人」でしょうか？
・「日本」という近代国家が成立する以前に列島に住んでいた人たちを「日本人」と表記していいのでしょうか？

同じ「日本人」であっても、そこに込められた意味は、文脈によってさまざまに変わりうるということです。読み手によって、さまざまな解釈が可能になるわけです。いろいろな解釈ができるということは、「日本人」という言葉が指し示す集合の範囲が、相当に広い、ということでもあります。

「いつ、どこで、だれが読んでも、伝えたいことが正確に伝わる文章」＝「誤読されない文章」＝「正確な文章」という点から言えば、ここが第一のポイントです。

重要

指し示す範囲が極力、限定されるような言葉を選ぶ

≡形容的な言葉をなるべく具体的な言葉に置き換えていく

先に示した文章をもっと正確にしてみると、どうなるでしょうか。実験してみましょう。

本当に暑い一日だった。
立っているだけで、私の顔から汗が噴き出した。

「暑い」が何かと何かを比べての「比較」の言葉である以上、北極圏に住む人びとにとっては「猛烈に暑い」と感じるでしょうし、赤道近くの暑い国々に住む人びとにとっては「涼しい」かもしれません。

いったい、どの程度の暑さか。「暑い」が指し示す範囲をもっと限定的にするためには、言い換えれば、「暑い」が示す集合の範囲を小さくするためには、どんな言葉を使えばいいのでしょうか？

答えは「だれもが使うモノサシを使え」です。

文例の「暑い」が、気温三〇度だったとしましょう。そのときは「暑い」ではなく、「三〇度」を使えばいいわけです。北極圏の人びとにとっても、赤道近くの人びとにとっても、「三〇度」という気温は「三〇度」です。そして「三〇度」を暑いと感じるか、涼しいと感じるかは、読み手のふだんの環境や個人差によって異なるわけです。暑いか、涼しいか。その感じ方は、読み手の判断に任されます。

前記の文例には「額から汗が噴き出した」という文章もあります。

もちろん「噴き出した」は比喩的に使われているのであって、噴水のように実際に吹き出るわけではありません。

ただし、「自分の知らないだれかが、いつ、どこで読むかわからない」という前提に立てば、「噴き出す」についても、可能なかぎり具体的に描写したほうがいいかもしれません。

立っているだけで、私の顔から汗が噴き出した。

←
立っているだけで、私の額から汗が流れ落ちた。

後の文章のほうが、少し具体的になりました。

ところで、先述したように、この文章の「立っているだけで」をよく読むと、書き手の「私」が立っている場所は、屋外か室内か、はっきりしません。もしかしたら、暑苦しい部屋の中かもしれません。「立っている」の文には、「どこに」の情報が含まれていないため、こうした曖昧さが生じるわけです。

ここでは「屋外」に立っていると仮定し、文章を変えてみましょう。

立っているだけで、私の顔から汗が噴き出した。
←
立っているだけで、私の額から汗が流れ落ちた。
←

外に立っているだけで、私の額から汗が流れた。

文字数はまったく変わっていませんが、少しずつ、「私」を取り巻く状況が具体的になってきました。

こんどは「本当に暑い一日だった」を具体的にしてみます。

本当に暑い一日だった。

⬅

気温は三〇度を超えた。

「暑い」を「三〇度超」とすることで、言葉の指し示す範囲がかなり限定的になってきました。

ここから先は、この章の冒頭で紹介した文例に戻りましょう。そして「具体化」の作業を進めてみましょう。

「きれいだね」と一郎。
「本当にきれいね」と順子。
その直後、強い風が吹いた。

二人は何を見たのか、という情報が含まれていませんから、それを加えてみます。そして「強い風が吹いた」状況をもっと具体的にしてみます。文字数は増えますが、情報を盛り込むためには一定の分量は欠かせません。

「きれいだね」。打ち上げ花火を見上げて、一郎が言った。
「本当にきれいね」と順子は言い、彼の左手を握り直した。
その直後、河原に風が吹き、一郎の帽子が草の上に飛んだ。

ここまで書き込むと、かなり状況は具体的になります。「きれい」は典型的な形容詞ですが、これは人が発した言葉なので変えようがありません。そして、この発言以外にこの文例においては、形容詞や形容的な言い回しはありません。「　」以外の、いわゆる「地の文」はすべて行為や現象の具体的描写です。それぞれの言葉が指し示す範囲は、前の文例よりも限定的で、いつ、どこで、だれが読んでも、一郎と順子の様子をほぼ同じようにイメージできるでしょう。

重要

言葉の指し示す範囲を少しでも限定的にしていく

言葉を文字に記すときは、そのことをまず念頭に置きましょう。

指し示す範囲を限定的にした例

きれいな夕日	➡	赤い夕日
人出がすごい	➡	一万人の人出
たくさんの本	➡	一〇〇冊以上の本
ものすごい腕力	➡	米俵を持ち上げる腕力
満員の球場	➡	五万人の観客で満員の球場
黒い車	➡	黒いセダン
きれいな髪	➡	黒くて長い髪
さめざめ泣く	➡	声を上げて泣く
懸命に走った	➡	立ち止まらず走った
懸命に働いた	➡	毎日残業した
背の高いビル	➡	二〇階建てのビル
ものすごい雨	➡	前が見えない雨
かわいい服	➡	花柄の服
朝早い列車	➡	朝六時発の列車
日本人に好都合	➡	若い日本人に好都合
空港へ急いだ	➡	バスをやめ、タクシーで空港へ向かった
大学生は元気	➡	入学したばかりの大学生は元気
日本では違う	➡	日本人の習慣は違う
本を読んでいた	➡	漢文の教科書を読んでいた
ラジオを聞いた	➡	ラジオの歌番組を聞いた
テレビが好きだ	➡	テレビの報道番組が好きだ
旅に出た	➡	ハワイ旅行に出た

短いセンテンスで「切れ味」を出す

ここからは一文一文について、さらなる「極意」をお伝えします。前節では、一文一文の「正確性」について記しました。それを踏まえて、ここでは「切れ味」について記していきます。

文章の切れ味。

じつは「切れ味」の有無が文章作法の中では、とても重要です。

「切れ味」とはいったい、どういうことでしょうか。ビールの宣伝でもあるまいに、「切れ味と言われてもわかるようでわからない」と疑問を持つ方も多いでしょう。

ここで前節の例文を再掲してみます。

「きれいだね」と一郎。
「本当にきれいね」と順子。

その直後、強い風が吹いた。

全体は三つ文で成り立っています。センテンス、つまり「。」は三箇所あります。同じ内容のまま、三文を一文にしたらどうなるでしょうか？　一つにまとめる必要から、文字は少し修正します。

「きれいだね」と一郎が言い、「本当にきれいね」と順子が応じた直後、強い風が吹いた。

この一文はそれほど違和感がないかもしれません。「何を書いている文章か、さっぱりわからない」ということもないでしょう。センテンスは一つになりましたが、それなりに読みやすい文章ではあります。

今度は先ほども使った次の例文です。再掲します。

「きれいだね」。打ち上げ花火を見上げて、一郎が言った。
「本当にきれいね」と順子は言い、彼の左手を握り直した。
その直後、河原に風が吹き、一郎の帽子が草の上に飛んだ。

一郎と順子が見たものは何か、そのときの状況はどんなだったか。そういった情報を付け加えた文章でした。同じようにセンテンスは三つ。つまり、三文に分かれています。これを一つのセンテンスにまとめてみます。文章の意味を変えない範囲で、語句は少し修正しています。

「きれいだね」と打ち上げ花火を見上げて、一郎が言ったのを聞いて、順子が
「本当にきれいね」と応じて彼の左手を握り直したすぐ後、河原に風が吹き、一
郎の帽子が草の上に飛んだ。

単純に文章を一つにまとめただけです。

さて、三センテンスの場合と一センテンスの場合とでは、どちらが「読みやすい」と思いますか。声に出して読み上げてみてください。

どちらが読みやすいでしょうか。

耳で聞いたとき、どちらがすんなりと頭に入るでしょうか。

それぞれの好みはあるかもしれませんが、「読みやすさ」「わかりやすさ」で言えば、断然、三センテンスの場合だろうと思います。


ここで一つ、実験をしてみましょう。

以下にいくつかの単語を並べます。「憲司」の紹介用の情報です。

①二八歳
②男性
③A大学経営学部卒

④専攻は企業組織論
⑤千葉県出身
⑥中学・高校は福岡県で過ごす
⑦貿易関係のB社に入って五年目
⑧将来は欧州で働きたい
⑨英語検定二級
⑩無類のラーメン好き
⑪「洋子」という婚約者がいる
⑫サッカーが好き（プレーも観戦も）
⑬これまで三〇カ国に出掛けた

伝えるべき情報はこれら一三項目だったとします。

まず、これを一つのセンテンスで文章にまとめてみましょう。どんな形になるでしょうか？　いろんな形が可能ですが、一例を示しましょう。

【A】

千葉県出身で中学・高校は福岡県で過ごした二八歳男性の憲司君は、A大学経営学部で企業組織論を学び、貿易関係のB社に入って五年になりますが、将来は欧州で働きたいという希望を持っており、英語検定も二級であり、これまでに三〇カ国に出掛けた経験の持ち主で、「洋子さん」という婚約者もおり、無類のラーメン好きでサッカーをするのも見るのも好きです。

「じつにわかりにくい文章だ」と思った方も少なくないでしょう。

その通りです。じつに読みにくく、わかりにくい文章です。声に出して読むこともつらくなります。

どうして、読みにくいのでしょうか。その理由をきちんと考えてみましょう。

この文章の主語は「憲司君」です。「憲司君」以外に主語はありません。これに対し、「憲司君」を「受ける言葉」は、じつにたくさんあります。列挙してみましょう。

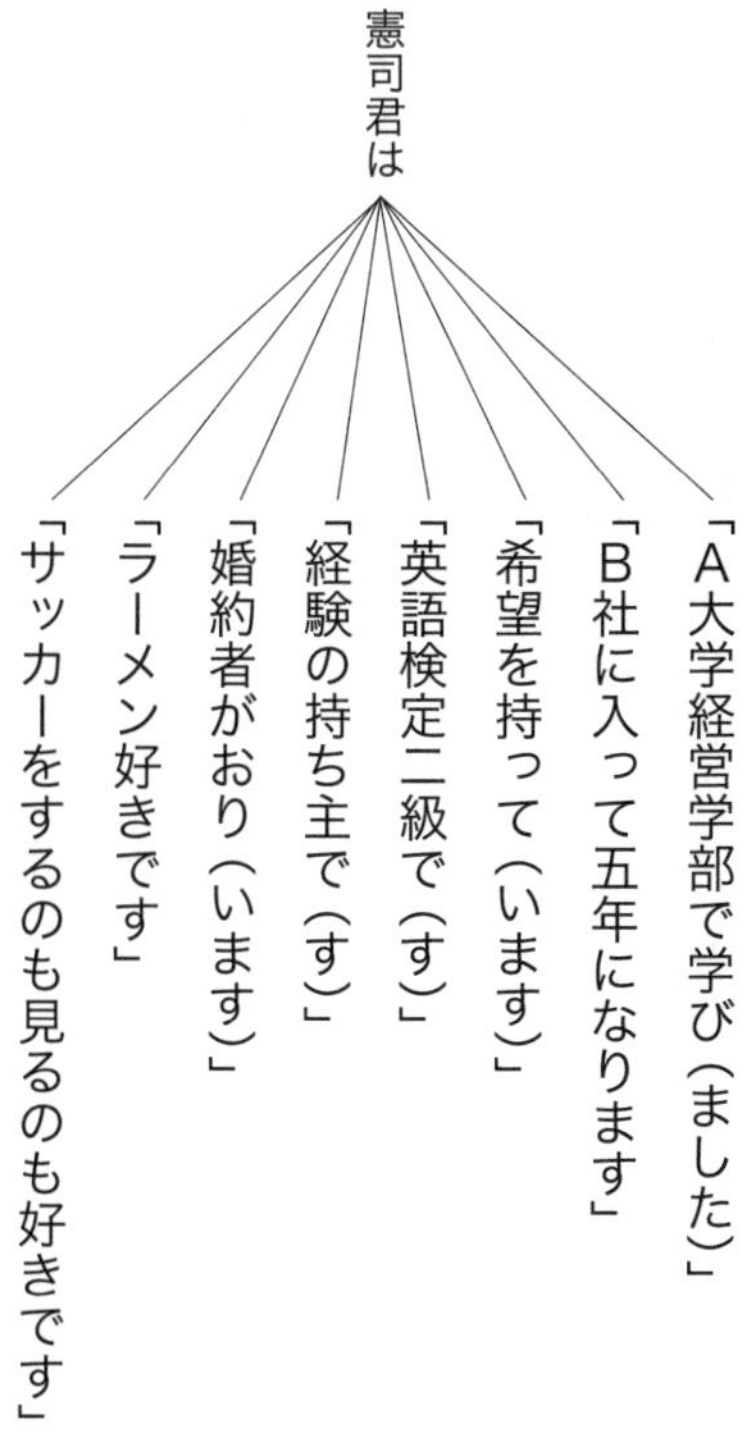

憲司君は
「A大学経営学部で学び（ました）」
「B社に入って五年になります」
「希望を持って（います）」
「英語検定二級で（す）」
「経験の持ち主で（す）」
「婚約者がおり（います）」
「ラーメン好きです」
「サッカーをするのも見るのも好きです」

主語の「憲司君」の後にこれらの「受ける言葉」を続けて読んでみてください。「憲司君はA大学経営学部で学びました」「憲司君はB社に入って五年になります」というように、です。いかがでしょうか。どの文章も違和感はないはずです。一文一文の意味は明瞭で、声に出して読むこともつらくないでしょう。

ここに列挙した「受ける言葉」は、八つあります。

このことは、いったい何を意味しているのでしょうか。

正確に情報を伝えるという点において、**一番わかりやすい文章は、「主語＋受ける言葉（＝述語）」だけで成り立っている文章**です。

このタイプの文章は、第一に「文章が短い」という特徴があります。

文章が短いですから、読んでいるうちに、あるいは声に出しているうちに、書かれている内容がこんがらがってしまうこともないでしょう。「情報を正確に伝える」という点においても、紛れがありません。

実際に例示してみましょう。

【B】
憲司君は千葉県出身です。
憲司君は中学・高校は福岡県で過ごしました。
憲司君は二八歳の男性です。

憲司君はA大学経営学部で企業組織論を学びました。

このようにして、いくらでも文章を作っていくことが可能です。

少し前に示した【A】の文章と【B】との決定的な違い。それは「文が短い。センテンスが短い」とことに尽きます。

【B】はひとつの文、すなわち、一つの「。」の中にたくさんの文字を詰め込んでおらず、基本的に「憲司君」＋「受ける言葉」のみで成り立っています。

もう、おわかりですね？

わかりやすい文章はかならず、以下の特徴を持っています。

重要

文が短い。センテンスが短い

では、短い文章をつくるには、どうしたらいいのでしょうか？

どんな工夫を凝らせば「短い文章」はできるのでしょうか？

答えはじつに簡単です。

「主語＋受ける言葉」以外の文字を、なるべくそのセンテンスの中に盛り込まない、ということです。余計な語句をそぎ落とす。それに尽きます。

前掲【A】にこんな箇所がありました。

千葉県出身で中学・高校は福岡県で過ごした二八歳男性の憲司君は、

【A】は長々したセンテンスでした。その中で主語は「憲司君」です。それ以外に主語はありません。そのことに注意を払うと、大切なことに気付くと思います。

「千葉県出身で」から「男性の」までの二六文字。これらはすべて、憲司君という「主語を飾る言葉」です。「主語を形容する言葉」と言い換えてもかまいません。いずれにしろ、憲司君がどんな人物であるか、という情報の一部です。

つまり、主語が登場する前にその主語に付属する情報を読み手に伝えようとしている文章になっています。

次の文章を読んでみてください。


アジアどころか世界の中でも飛び抜けた経済成長を成し遂げた●●は、大国の仲間入りを果たした。


主語は「●●」です。

ここで質問を一つ。

「●●」に当てはまる語句は何でしょうか？

おそらく、「中国」と考えた方が大半ではないでしょうか。もちろん、「中国」を当てはめてもこの文章は成立します。何の違和感もないでしょう。でも、それだけでしょうか？

たとえば、「●●」の中に、「日本」という語句を当てはめてみてください。

高度成長期、日本は世界でも希な経済発展を遂げ、第二次世界大戦の敗戦国から一躍、経済大国へのし上がりました。そうした史実を知っている人にとっては、この「●●」の部分は、（一九六〇年代から七〇年代にかけての）「日本」であっても何の違和感もないわけです。

> アジアどころか世界の中でも飛び抜けた経済成長を成し遂げた中国は、大国の仲間入りを果たした。

> （一九六〇年代から七〇年代にかけ、）アジアどころか世界の中でも飛び抜けた経済成長を成し遂げた日本は、大国の仲間入りを果たした。

最初に言ったように、本書では「いつ、どこで、だれが読むかわからない」ことを前提として、作文の書き方を記しています。

その範囲で言えば、「中国」も「日本」も、どちらも当てはまるような文章は、良くないのです。「中国」のことだな、と思って読み進めたら、かつての「日本」の話だった――。これでは誤読を呼びこむ結果につながりかねません。

どうすれば、誤読の可能性が消えるのでしょうか？
逆に言うと、この文例はどうして誤読の可能性が残ったのでしょうか？
答えは、わかりやすい文章の原則を忘れてしまったからです。

重要

文章は短く。⬇そのためには「主語を飾る言葉」を少なく

この基本を忘れて書いてしまった結果なのです。
では、この例文を改訂してみましょう。

アジアどころか世界の中でも飛び抜けた経済成長を成し遂げた中国は、大国の仲間入りを果たした。

⬅

中国は、アジアどころか世界の中でも飛び抜けた経済成長を成し遂げ、大国の仲間入りを果たした。

改訂後の文章は、誤読の可能性がぐんと減りました。いきなり、主語の「中国」が登場するので、「中国の話かと思っていたら、日本の話だった」という心配もありません。読み手は最初から、「中国の話だな」と思って読んでくれます。

ところで、先に、**最もわかりやすい文章は「主語＋受ける言葉」だけで構成されている、**と言いました。

「文章は短く」という原則に沿って言うと、「主語＋受ける言葉」の文章を達成するには、「主語を飾る言葉を極力削る」ことが必要です。先の文例のように「主語を飾る言葉はゼロ」でもかまいません。

「短い文章」のために、もっと工夫できる余地はないのでしょうか？

もう一つ、大事な原則があります。

それは「**主語と受ける言葉の『距離』を短くする**」です。

ここで言う「距離」とは、文字通りの「距離」です。つまり、「主語」と「受ける言葉」がどのくらい離れているか、どのくらい近いか、ということを意味しています。

もう一度、先の改訂後の文章を読んでみてください。

中国は、アジアどころか世界の中でも飛び抜けた経済成長を成し遂げ、大国の仲間入りを果たした。

この文例で言うと、傍線部分が「受ける言葉」です。「中国」という主語との離れ具合はどうでしょうか？

この程度の「距離」なら、まだ違和感はないかもしれません。

次のように改訂したら、どうでしょうか？

中国は一九九〇年代後半から、とくに二〇〇〇年代の半ばを過ぎてから、台湾やマレーシアといったアジアの国々どころか世界の他の国との比較の中でもGDP（国内総生産）ベースで飛び抜けた経済成長を成し遂げ、大国の仲間入りを果たした。

おそらく、ほとんどの人は「読みにくくなった」と感じるはずです。理由ははっきりしています。波線部分、つまり加筆部分によって、「主語」と「受ける言葉」の距離が遠くなってしまったからです。

つまり、**「主語」と「受ける言葉」の距離は、読みやすさ、わかりやすさと比例関係にある**わけです。一般的に言って、距離が遠いと読みにくく、わかりにくい。近いと、読みやすく、わかりやすくなります。

「文章は短くする。センテンスを短くする」という原則は、『主語＋受ける言葉』以外の文字を、なるべくその文の中に盛り込まない」ということです。それを実現する方法は、「主語を形容する語句を極力少なくする。あるいはゼロにする」であり、「主語と受ける言葉の距離を極力、近くする」ということです

言葉には順番がある

ものごとには順序があります。

スポーツを楽しむとき、準備のためのストレッチを怠れば、けがをする可能性が高くなります。朝の身支度で、外出用の服に着替えてから洗髪をする人はいないでしょう。乾杯の前に一人でビールのジョッキをぐいぐい飲んでしまったら、同じテーブルから「何だよ、先に一人だけ」という声が上がるに違いありません。

同じように言葉にも順序があります。

せっかく、「短い文章」を書いたとしても、語句の順番を間違えてしまうと、やはり、読みにくい、わかりにくい文章になってしまいます。

次の一文を読んでください。

（A）急いで道路を謙介が走り抜けた。

（B）道路を急いで謙介が走り抜けた。
（C）急いで謙介が道路を走り抜けた。
（D）謙介が急いで道路を走り抜けた。
（E）謙介が道路を急いで走り抜けた。

いずれの文章も、だいたいの意味は通じると思います。しかし、最も「しっくり」するのは、どれでしょうか？

じつは、これら五つの文例には主語の「謙介」を飾る言葉はありません。「急いで」も「道路を」も、双方とも「謙介」ではなく、「走り抜けた」という「受ける言葉」に関係しています。

「急いで走り抜けた」
「道路を走り抜けた」

これら二つの文の頭に「謙介は」という主語を付すと、双方ともそれで意味は通じます。「走り抜けた」ときの謙介の様子を示す言葉が「急いで」であり、「いったいどこを走り抜けたのか」という場所を示す情報が「道路を」です。
その点に注意しながら、もう一度、前掲の(A)~(E)を読んでみてください。
(A)は明らかに読みにくいと感じませんか?
その理由は「急いで」「道路を」という二つの語句が、関係の深い「走り抜けた」という語句と離れた場所に置かれているからです。(B)も「急いで」と「道路を」の順番が入れ替わっただけで、本質的には(A)と変わっていません。
(C)はどうでしょうか?
「道路を」の語句は「走り抜けた」とくっつきました。従って、「謙介は道路を走り抜けた」というシンプルな、わかりやすい文にはなりました。しかし、「急いで」がまだ、文の先頭にいます。「急いで」と関係の深い「走り抜けた」との距離は、遠いままで変化はありません。むしろ、「道路を」が「走り抜けた」とくっつき、本来の位置に付いたことで、「急いで」がいっそう宙ぶらりんの感じになってしまいました。
(D)と(E)はどうでしょうか?
「急いで」と「道路を」は、ともに「走り抜けた」に近づきました。最初の三例よりも違和感は少なくなったと思います。つまり、**関係のある語句同士はなるべく距離を近付ける**ほうがわかりやすくなる、ということです。

では、（D）と（E）の違いはどこにあるのでしょうか？

（D）謙介が急いで道路を走り抜けた。
（E）謙介が道路を急いで走り抜けた。

この二文をもう一度、注意深く読んでみてください。

筆者は語学の専門家でも研究者でもありませんから、言語学的な説明はできません。ただし、じっくり読んでいると、次のことは見えてくるように思います。
（D）の「急いで」は「道路を走り抜けた」こと全体にかかっている。
（E）の「急いで」は「走り抜けた」ことだけにかかっている。
つまり、（E）は「急いで」と「走り抜けた」の二つがくっつくことで、「道路を」を「急いで」の外にはじき出してしまったわけです。

その結果、何が起きたのでしょうか？

（E）の「急いで」は「走り抜けた」だけにかかっていますから、「走り抜けた」という人間の動作だけを取り出して、そこに「急いで」を被せたことになります。つまり、（E）の「急いで」は、「どこをどう走り抜けたのか」という部分の「どこを」については、とりあえず脇に置いた形にしているのです。「どこをどう」は、問題ではなく、「走り抜けた」行為自体を注視し、「急いで」走り抜けた、の「急いで」をことさら強調する効果が出ているのです。

それと違って、（D）は「道路を」「走り抜けた」こと全体に「急いで」を被せていますから、「どこをどう走り抜けたのか」のうち、「どこを」も問題にしていると言えます。

作文で問題となる「語順」はふつう、「主語」を飾る言葉ではなく、「受ける言葉」との関係で立ちあらわれます。たとえば、こんな語句が例示できます。

・急いで（食べた）
・激しく（泣いた）
・ゆっくり（歩いた）
・のんびり（過ごした）
・深く（悲しんだ）
・腹の底から（笑った）
・なみなみと（注いだ）
・華々しく（散った）
・潔く（謝った）
・うっかり（寝過ごした）

語句の順番によって、微妙なニュアンスの差が生じることは、頻繁にあります。前記の（E）「謙介が道路を急いで走り抜けた」を例に取ると、受ける言葉である「走り抜けた」と「急いで」が直接くっつくことで、結果的に「急いで」が強調されることをお伝えしました。

これも語順の大事なポイントです。**受ける言葉の直前にくっつく語句は強調される**という原則です。

例を挙げましょう。

・昨日、事件が起きた。
・事件が起きたのは昨日だった。

この二文の違い、もうおわかりですね？

前者は「事件が起きた」ことに力点が置かれています。受ける言葉は「起きた」で、それにくっつく語句は「事件が」です。

後者の例では、「昨日」に力点が置かれています。受ける言葉は「だった」であり、それにくっつく言葉は「昨日」です。

似たような例は、いくつでも示すことができます。

謙介の帽子は赤色だった。（↓赤色を強調）
赤色の帽子が謙介だった。（↓謙介を強調）

屋台のラーメンはうまかった。（↓ラーメンを強調）
ラーメンのうまい屋台だった。（↓屋台を強調）

謙介は思いっきり笑った。（↓思いっきりを強調）
思いっきり笑ったのは謙介だった。（↓謙介を強調）

さらに語順の話を続けます。「誤読が少ないのはどれか」に注視しながら、例文を読んでください。種類は三つあります。

（A）謙介の福岡市の家を訪ねた。

（B）福岡市にある謙介の家を訪ねた。
（C）謙介の家がある福岡市を訪ねた。

三文ともおおまかな意味は通じると思います。主語は明示されていませんが、いずれの文章も主語は、書き手の「私」であると想像できます。

では、読み手に対し、それぞれの文章はどう伝わるでしょうか。

（A）で示された訪問先は、「謙介の福岡市の家」ですから、もしかしたら、謙介の家は福岡市以外にもあるのかもしれない。そういうニュアンスが残ります。

三例の中で明らかに意味が違うのは、（C）です。この文章では訪ねた先が「家」ではなく、「福岡市」という街全体を指し示しています。「福岡市を訪ねた。そこには謙介の家もある」というニュアンスです。

これらに対し、最も文意が明確なのは（B）ではないでしょうか

（B）の文章は、訪問先を「福岡市にある謙介の家」と記述しています。「謙介の福岡市の家」よりも、限定的だと感じませんか？　「福岡市にある」と書くことで、ほかの都

市にも謙介の家があるかのようなニュアンスは（A）より薄くなっていると思います。

では、（A）（B）と（C）のこのニュアンスの差は、どこから来ているのでしょうか。

答えは**「の」の連続**にあります。

また例文を読んでください。


東京の郊外の快速電車の止まらない駅の近くの住宅街の私の家は三階建てです。


会話の中でならまだしも、こんな文章を読まされたら、相当にいらつくことは間違いありません。いったい「の」はいくつあるでしょうか？　この短い文の中に、じつに七つです。「『の』の連続」がいかに文章を読みにくくしてしまうか、一目瞭然だと思います。

なぜ、「の」を多用すると、文章は読みにくいのでしょうか？

「の」はその前後の語句が指し示す範囲を、ある程度、限定していく性質を持っています。

「東京の郊外」で使った「の」は、東京という広いエリアから都心部を除外し、「郊外」という枠をはめることでエリアを限定しました。この例では、「限定される語句」は「東京」です。「限定する語句」は、その次に出てくる「郊外」です。つまり、「後ろの語句が前の語句を限定」しています。

ややこしくなりますが、もう少しだけ我慢してください。

文例の中に「私の家」という箇所があります。

「私の家」のうち、「限定される語句」と「限定する語句」はそれぞれ、どっちでしょうか。

簡単ですね？

「限定される語句」は「家」、「限定する語句」は「私」です。つまり、ここでは「前の語句が後ろの語句を限定」しています。「東京の郊外」では、「後ろが前を限定」でした。見事に逆さまになっています。

だんだん、わかってきたと思います。

「の」の過度な連続は禁じ手です。

なぜかと言えば、「の」によって限定される言葉は、「の」の前に来ることもあれば、後ろに来ることもあるからです。つまり、『の』の連続」によって、本来あるべき語順が乱れてしまっています。その結果、読み手を混乱させてしまう可能性が高いわけです。

「『の』の連続」の多用は、主語を飾る言葉を極力削る、という原則にも反しています。前記の例では、主語は「家」です。その主語を飾る言葉がこんなにも長くなってしまっては、読み手のイライラも当然でしょう。

無駄な文字を削る

ここまで、いくつかのポイントを示してきました。まとめると、こうなります。

重要

・言葉の指し示す範囲を少しでも限定的にしていく

・一文一文を短く。センテンスを短く
・主語を飾る言葉を極力少なく。ゼロでもいい
・主語と受ける言葉の距離を近付ける
・語順を間違えない
・関係ある言葉同士を近付ける
・「『の』の連続」は禁じ手

キレ味鋭い文章を書くためには、まだまだノウハウが足りません。もう少し、技を身に付けてみましょう。

第一は「削る」です。

いったい、何を削るのでしょうか？

答えは「無駄な文字」です。無駄な「語句」というよりも、無駄な「文字」です。一つひとつの文字が本当に必要かどうか。それを判断し、**不要な文字はどんどん削る**、ということです。

たとえば、ふだん何気なく使っている、こんな文章があります。

青という色が好きだ。

この中に「不要な文字」があるとすれば、どれでしょうか。
真っ先に思い付くのは「という」でしょう。「青という色が好きだ」という文から「という」をそぎ落としても意味は大きく変わりません。強いて言えば、「色」に対する強調のニュアンスが薄れることくらいでしょうか。「色」を強調しなくてもいいのであれば、この「色」の一文字も削ることができるかもしれません。

青という色が好きだ。↓ 青色が好きだ。↓ 青が好きだ。

たいていの場合、「〜という」は削除可能です。
似たような例に「もの」もあります。これも日常会話では何気なく、頻繁に使っていますが、文章として書くときは「もの」は削除可能です。しかも、この「もの」は「〜という」とセットになって登場することがしばしばです。

もっとも、ここで示す「もの」は、形のある物体としての「モノ」「物」ではありません。物体としての「モノ」「物」を削ることはできません。

それらを踏まえて、何例か示してみましょう。

日本という国は ➡ 日本国は ➡ 日本は
青野さんという人は ➡ 青野さんは
憲法というものは ➡ 憲法は
企業倫理というものは ➡ 企業倫理は

もっとも、なんでもかんでも削ればいい、という発想ではだめかもしれません。とことん削っていくと、いわゆる「遊び」や「緩み」の存在しない、非常に硬質な文章になってしまう恐れもあるからです。硬質で無味乾燥な文章は、人を寄せ付けず、「さあ、読もう」という気持ちを萎えさせることもしばしばです。

しかし、私は敢えて、「それでも削ってください」と言います。

なぜか？

私個人の限られた経験上でのことですが、書き慣れていない人や作文に自信のない人の文章を見ると、「余分な語句」「不要な文字」がいかにも多いからです。

文章を書くことが苦でなくなり、上達の実感が沸いてきたら、「日本という国」の「という」を使ってもいいでしょう。「使わなくてもいい文字を敢えて使っている」という自覚があるからです。そうしたことによって文章全体の柔らかさが出ることもあります。変化に富んだ、人を引きつける文章を書くこともできます。「文は人なり」です。個性を発揮することにもつながる場合もあるでしょう。

しかし。

「削除できる可能性を知りながら、文章全体のことを考えて、敢えて削除しない」という所作と、「削除できる可能性に気付かず、結果として余分な文字が残ってしまった」という所作とでは、雲泥の差があると思います。ですから、「自信がつくまでは、削除可能な箇所を極力削ってください」と言い続けています。

そうやって「余分な語句」「不要な文字」を削っていると、その部分だけ原稿用紙のマス目が空いてしまいます。一行二〇文字の通常の原稿用紙を使っていた場合、改行の位置などによっては、「〜という」の三文字を削っただけで、一行まるまる空白になってしまうこともあるでしょう。

そんなとき、「ちぇ、せっかくマス目を埋めていたのに一行、二〇文字分も空白になっちゃった」と思ってはいけません。

空白ができたら、今まで書き切れてなかった「具体的な事柄」をそこに書き込みましょう。

この本の最初に言ったこと、覚えていますか？

「冒頭のエピソードは具体的に」「一番の一番を見つけて」。そんなことを記しました。具体的なエピソードとは、その場面の描写です。その場面の風景を読み手に伝えることです。目に映っていた風景、そこで見えていた物。その色や形、人の表情、セリフ。「具体的に書く」ことの要素はたくさんあります。

せっかく一行、二〇文字の空白ができたら、たとえば、そういった具体的な要素を一行分、書き込みましょう。それによって、読み手をさらに臨場感ある現場へ連れていきましょう。

それこそが、「削る」ことの意味です。

それによって、文章の具体性は増すのです。

そして、結果として、さらなるキレ味を得るのです

接続詞を削る

「無駄な語句」「不要な文字」は、「〜という」「もの」といった例ばかりではありません。じつは「接続詞」も多くの場合、削ることが可能です。

接続詞にはいくつかの種類があります。

・そして
・それから
・それで
・また
・さらに
・そうして
・だが
・しかし
・ところが

こういった接続詞も削除可能とは、どういうことでしょうか。本当にそんなことができるのでしょうか。

例文を見てみましょう。

健太郎は海岸沿いに車を走らせた。それから高速道路に入った。やがて、一時間ほど過ぎて高速を降りた。ところが国道から街へ向かっていると、雨が降ってきた。

傍線部が接続詞です。このうち「ところが」は「しかし」「だが」と同様、逆接の接続詞です。

これらの接続詞を削ることができるとしたら（できます）、どんな文章になるでしょうか。まず「それから」を消してみましょう。

健太郎は海岸沿いに車を走らせ、高速道路に入った。

これでＯＫです。「それから」を削った後も違和感はないはずです。その次の「やがて」についても単純に削除するだけでかまいません。「やがて」を削っても、文章には何の違和感も残りません。

健太郎は海岸沿いに車を走らせ、高速道路に入った。一時間ほど過ぎて高速を降りた。

なぜ、「やがて」を削っても大丈夫だったのでしょうか。

「やがて」は時間の経過を示す接続詞ですが、この例文には別の言葉で時間の経過が示されています。「一時間ほど」がそれ。つまり、時間の経過を示す語句をだぶって使用しているわけです。

その次の「ところが」はどうでしょうか。先に言ったように「ところが」は逆接の接続詞ですから、「ところが」以降は、それまでの文章とは逆の事柄が書かれていないといけません。言葉を換えて言うと、仮に逆の事柄が書かれていない場合は、敢えて逆接の接続詞を使う必要はない、ということになります。

この文例での「ところが」はどうでしょうか。

健太郎は車を走らせ、海沿いから高速道路へ入りました。一時間ほど走った後、高速を降りて国道に入り、街へ向かいます。そのとき、雨が降ってきたという流れになっています。

ここでよく考えてみましょう。

車を走らせてきたという事柄と、雨が降ってきたという事柄。これは何か、反対の出来事でしょうか。正対の出来事でしょうか。

ふつう、正対とは次のような場合を言います。

・組織の議論はまとまりかけていた。しかし健太郎は納得していなかった。
・健太郎は憲法改正に賛成だった。だが、多くの友人は反対していた。

まとまりかけていた議論。その中で健太郎は反対していました。まさに「逆」の事柄です。二つ目の文章も「改正に賛成の健太郎」と「反対する多くの友人」という内容ですから、書かれている事柄は正対です。

高速道路の文例はどうでしょうか。

車を走らせて街へ向かった事柄と、雨が降ってきた事実。これは「反対」の出来事でしょうか。違います。反対の出来事ではありません。反対どころか、この二つの事柄には何の関係もないわけです。この文章の内容で判断するかぎり、「街へ」と「雨」はそもそも無関係の出来事です。強いて言えば、時間の重なりがあったという程度のことです。

そもそも無関係の出来事だとしたら、それを逆接の接続詞で結ぶ必要はあるのでしょうか？

ありません。

ありませんどころか、関係のない事柄を無理に繋いだうえ、逆接で結びつけることは、「無理強い」の感じすらします。だからこそ、この「ところが」は削除できるのです。

実際に削り落としてみましょう。

健太郎は海岸沿いに車を走らせ、高速道路に入った。一時間ほど過ぎて高速を降りた。ところが国道から街へ向かっていると、雨が降ってきた。
↓
健太郎は海岸沿いに車を走らせ、高速道路に入った。一時間ほど過ぎて高速を降りた。国道から街へ向かっていたときに雨が降ってきた。

もしここで、雨が降ってきた時間的なことを強調したいのであれば、先に記したように、「強調したい語句と受ける言葉をくっつける」ことで、その狙いは実現できます。

健太郎は海岸沿いに車を走らせ、高速道路に入った。一時間ほど過ぎて高速を降りた。雨が降ってきたのは、国道から街へ向かっていたときである。

いかがでしょうか。いくつかの工夫を凝らす必要はありましたが、三つの接続詞はこれで全て消えました。とりわけ着目してほしいのは「逆接を消す可能性」について、です。

逆接は文字通り、逆の話をつなぐ方法です。反対の事柄をつなぐ役割を持っています。問題は「反対の事柄であるかどうかの見極め」です。

しかも、です。

反対の事柄であっても、逆接の接続を用いないことができるケースが多いのです。ここは大事なポイントです。

試してみましょう。

組織の議論はまとまりかけていた。しかし健太郎は納得していなかった。

←

組織の議論はまとまりかけていた。健太郎は納得していなかった。

どうでしょう。「しかし」を取り除いても、意外と違和感は感じないのではないでしょうか。「少し違和感が残る」「やっぱり逆接があったほうがいい」と感じる場合は、逆接に代えて、改行を用いることもできます。

組織の議論はまとまりかけていた。健太郎は納得していなかった。

←

組織の議論はまとまりかけていた。

健太郎は納得していなかった。

もう一つの例文についても同じような改良が可能です。

健太郎は憲法改正に賛成だった。だが、多くの友人は反対していた。

←

健太郎は憲法改正に賛成だった。多くの友人は反対していた。

←

健太郎は憲法改正に賛成だった。

多くの友人は反対していた。

後者の改行例は、今ひとつしっくりきません。もう一工夫凝らして、改行後に伴って、前と後ろの文章を入れ替えてみましょう。単純に入れ替えると文意がうまく通じませんから、文章を少し修正する必要はあります。どうなるでしょうか。

多くの友人は憲法改正に反対していた。
健太郎は賛成だった。

いかがでしょう。違和感はさらに減じたのではないでしょうか。
「だが」「ところが」といった逆接の接続詞だけでなく、「〜だったが、〜」という用法も多用される傾向があります。この「が」は、接続助詞と呼ばれる言葉の一種です。
例文を読んでください。

私には「空は青い」と映ったが、次郎は「青くない」と感じたようだ。

この文は「が」の前と後ろが、きれいな逆接です。「青い」と「青くない」。前後はちゃんとした「反対」の内容です。次の文章はどうでしょうか。

私には「空は青い」と映ったが、次郎は「灰色」と感じたようだ。

「青い」と「灰色」が反対の内容かどうか、意見は分かれるかもしれません。それでも「青い」と違う内容が、「が」の後ろに続くわけですから、「が」で繋いでも大きな違和感はないかもしれません。

さらに文例を見てみましょう。

私には「空は青い」と映ったが、次郎は空の様子には関心がなかった。

「が」を挟んで繋がれた二文は、正対の内容かどうか、少し怪しくなってきました。「が」で繋ぐにはふさわしくない。そう感じる人もかなり出てきたのではないでしょうか。

極めつけは、次のような文章です。

> 私には「空は青い」と映ったが、次郎はボールを蹴って遊んでいた。

ここまでくると、逆接の「が」ではなくなってしまいます。この「が」は「〜していたとき」という時間を示す使われ方になっています。

じつは、会話の中では、逆接ではない「が」が頻繁に登場します。

> 昨日、東京へ出掛けたが、とても良い天気でさ。東京駅からタクシーを使って新宿へ向かったが、さすがに東京は高層ビルが多いよね。あちこちのビルに目を奪われていたんだが、気が付いたら、もう新宿東口に着いたんだ。

会話の中では、これらの「が」に違和感を抱くことはほとんどないでしょう。

作文という「書き言葉」になると、事情は異なります。逆接でもないのに「が」を多用すると、単純に読みにくくなります。「が」で文章を繋ぐわけですから、一文一文は長くなり、「短いセンテンスで書く」という原則にも反します。

「が」を使った場合、読み手は無意識に「ここは反対の内容が書かれているんだな」と感じます。その意識の度合いが強ければ強いほど、あるいは、しっかり読み込む人であればあるほど、「逆接の確認」を行うはずです。

逆接の確認とは、「が」を挟んで前後の文章を読み直す、ということです。読み直すわけですから、流れるように活字を追っていた目線はそこでいったん止まり、前の文字や前の行に向かうでしょう。

読みやすい文章、わかりやすい文章は、「引っ掛かりのない文章」のことです。「流れるように読み進めることができる文章」のことです。従って、逆接の箇所でいったん止まり、なおかつ、前の文字、前の行に目線が戻るのであれば、明らかに流れが止まります。

接続助詞の「が」に限らず、「しかし」「ところが」といった逆接の接続詞すべてに同じことが言えます。せっかくの流れを断ち切らないためにも、逆接でつなぐことは極力避けるべきです。

ここで「接続詞」の問題を長々と書いたわけは、書き慣れていない人の文章に「接続詞の多用」が目立つからです。しかも、「ほとんどの接続詞は消すことができる」からです。

その点を再確認できたら、先へ進みましょう。

本当に受動態で良いか？

キレ味の良い文章を作るために、さらに大事なポイントを記しましょう。先に示した接続助詞の「が」と同様、何気なく使っている用法に「受動態的な言い回し」があります。「受け身の文章」と言い換えてもかまいません。

これはどういうことでしょうか？

（A）イワシは食べられる。
（B）明日の朝、七時に起きられるかな？

正確に書く、わかりやすく書く。それが本書のテーマです。その観点を忘れずに、まず、Aの文章を見て下さい。

イワシを食べるのはだれでしょうか？

人間の食料としての意味なら、「だれ＝人間」でしょう。人間はあなたかもしれないし、私かもしれません。日本人全体かもしれないし、人類すべてかもしれません。

では、こういうケースを想像してください。海の中でイワシの群れを見つけた大型魚が、まさに今、イワシを食べようとしているシーンです。その場合だと、食べるのは「大型魚」になるでしょう。大型魚は、天敵のマグロかもしれません。

つまり、「食べられる」はいくつかの解釈が可能だということです。

食料としてのイワシなら、意味は「（人間はイワシを）食べることができる」です。自分は魚嫌いだけれども、イワシだけは食べるという場合も、正確には「食べることができる」です。

「～られる」「～される」といった受け身の言い回しには、「～できる」という意味が隠れているケースがあります。英語の「CAN」の意味が、受け身形となって書かれているわけです。それも「まれに」ではなく、「頻繁に」です。そういった場合は「～できる」に言い換えましょう。なぜなら、誤読が少なく、内容を正確に伝えることができるからです。

Aの文章を例にすれば、こうなります。

イワシは食べられる。
↓（主語が「私」の場合）　私はイワシを食べることができる。
↓（食材の意味で使う場合）イワシは食べることができる。
↓（天敵マグロの場合）　まさに今、イワシが（マグロに）食べられる！

次は文例Bです。

「七時に起きられるかな?」の意味は、明らかに「七時に起きることができるかな?」です。自分の力で起きることができるかどうか、英語の「CAN」のニュアンスで書かれています。そうである以上、この文章も「〜できる」に言い換えましょう。

明日の朝、七時に起きられるかな?
↓
明日の朝、七時に起きることができるかな?

こう書くと、明らかに「主語はだれか」も判明します。ふつうの読み方をすれば、隠れている主語は「私」です。いっそう正確を期すとすれば、この文章は以下のように変わります。

明日の朝、私は七時に起きることができるかな?

受け身形の文章は、そのままにしておくと、正確に意味が伝わらない、という欠点があります。なぜでしょうか？　それは「CAN」の意味が含まれていようと、いまいと、主語が明示されず、文章の後景に退いてしまうからです。

典型的な文章に次のような形があります。

(A)今後の日米関係の在り方が注目されています。
(B)支持率低下に悩む保守政権が強く批判されています。
(C)エースらしい投球ができず、呆れられています。

この三例は、すべて主語が隠れています。

Aの文章。「注目している」のはだれでしょうか？　日本国民かもしれないし、中国政府の首脳かもしれません。米国の経済界かもしれない。もっと言えば、世界中のすべての人かもしれません。逆に言うと、主語が明示されていないため、いかようにも解釈できるということです。

仮に「注目されている」の受け身形を取り消し、「注目している」という形にすれば、どういう作業が必要になるでしょうか。

今後の日米関係の在り方を注目しています。

受け身形をやめると、途端にこの文章の欠陥が見えてきます。主語がない、のです。そのために、かなり居心地の悪い文章になりました。いったい、「注目しているはだれですか」と、読み手は疑問を持つに違いありません。読み手に疑問を抱かせてしまった、という点でもこの文章は失格です。

ではBの文章。

「批判している」のはだれでしょうか？　これもAと同様です。主語はいくらでも想定が可能です。党内の反主流派、野党、国民、財界、連立相手、諸外国。この調子で数えてゆけば、一〇や二〇はすぐ思い付くでしょう。

Cも同じです。

呆れているのは、監督か、コーチか。捕手、野手、チームメート全て、応援団、ファン、球界。これもいくつでも想定が可能です。

つまり、受け身形は、物事を正確に伝えるという点において、それにふさわしい文型ではない、ということです。「**受け身形の文章は主語があいまい**」であり、「**受け身形のままにしておくと誤読の可能性がある**」わけです。できるかぎり、受け身形の文章は排除しましょう。その代わり、**主語を明示して、自分が言いたいこと、伝えたいことを明確に**記しましょう。

あいまいさを省くことは、文章のキレ味を増すことにつながります。

主語を明示しなければならないとなると、書き手の思考もいっそうの熟度が必要になります。あいまいな考えは排除され、より明確な考えが顔を覗かせます。

文章上達の過程は、思考を磨く過程でもあります。それを念頭に置き、受け身形の排除に努めましょう。

第3章

ちょっとした技で見違える文に

的確に物事を伝える。
正しく、わかりやすく伝える。
臨場感を持って伝える。
キレ味のある文章を書く。

そんなことを念頭に置きながら、この章では「ちょっとした工夫」の数々を紹介します。これらに留意しながら文字を組み立てるだけで、あなたの文章はぐんと引き締まり、かっこよくなるはずです。

「!」の多用は慎む

驚きを示す「!」。あなたがふだん目にする文章にも「!」は頻繁に登場するでしょう。ただし、よく見かけるからといって、このマークを使いすぎると、失敗します。

うわー！！！！！　なんだ、これは！！！！！　びっくり！！！！！　本当に信じられないぞ！！！！！　ひょえー、だ！！！！！

それぞれの語句の切れ目ごとに「！」が五つずつ登場します。この文の書き手は「何か」に相当驚いたのでしょう。

問題は、「！」を五つも重ねることによって、その驚きが読み手にきちんと伝わるかどうか、にあります。

「！」はふつう、書き手の感情を表しています。いつ、だれが、どこで、この文章を読むかわからない。そういう前提とは無関係に、いわば書き手が勝手に驚いているわけです。しかも、「！」の数がいくつになろうと、たとえ、五〇個になったとしても、その驚きは読み手に伝わりません。

実際の会話では、話し手の表情や言葉の調子、身振り手振りなどから驚き具合も一定程度は伝わるでしょう。実際の会話は相手が見えます。相手がだれであるかもある程度はわかるし、お互いの置かれた状況もわかっているでしょう。つまり、コミュニケーションの基礎である「一定程度の相互理解」がすでに、そこに存在しているわけです。

しかし、文章ではそうはいきません。書き手とまったく無関係の土地に住む人が、まったく違う時代に読むかもしれないわけです。そうすると、そこに相互理解の基礎はほとんどありませんから、「!」がいくつ重なったところで、「何なんだろ、この書き手は。何を一人で騒いでいるんだろ」と思うだけかもしれません。

さらに、この文章には「!」の多さに比べて、肝心の「何に驚いたのか」の「何」が一切書かれていません。

もう、おわかりですね。「具体性」が何もないから、読み手に「!」で示した感情が伝わらないのです。

原稿用紙のマス目で言えば、「!」も一文字です。きちんと相手に伝えたいことがあるなら、「!」の数を減らし、そこで生まれた空白のマス目に「何に驚いたのか」の「何」をきちんと書き込みましょう。


うわー!!!!! なんだ、これは!!!!! びっくり、本当にびっくり！！！！！　信じられないぞ！！！！！　ひょえー、だ！！！！！

↓

うわー、なんだ！　カッパが川を流れている。信じられない。緑色の姿形、どう見ても本で見たカッパだ。ひょえー。カッパって、本当にいるんだ！

繰り返しになりますが、「！」は書き手が勝手に驚いているのです。どこのだれかわからない読み手に向かって、感情をむき出しにしても何も伝わりません。それを肝に銘じておきましょう。

「？」の多用も慎む

「！」と同様、しばしば使うマークに「？」があります。疑問を示す記号です。単純に疑問を示すだけでなく、ときには同意や確認を求めて「？」を使うこともあります。

きょうの食事はカレーでいいよね？

あるいは、何かの行動や意見を強調したいときにも「？」を使います。

日本は米国を信頼しすぎていないだろうか？

いずれの場合も文章の形は疑問形であり、だれかに（書き手自身や読み手を含む）、何かを問いかける形になっています。疑問を投げかける以上、当然、回答が必要になります。回答がないまま、疑問ばかりが続くと、読み手はどんな感じを受けるでしょうか。

たとえば、次のような文章です。

靖国神社はいつから若者のデートコースになったのだろうか？　七〇年ほど前の戦争の歴史をあの若者たちは知らないのだろうか？　自分たちと同年代の若者が戦地で

命を失った史実を知らないのだろうか？　知らないとしたらあのカップルたちは何なんだ？　恥ずかしくはないのか？

どうして時間を無駄にするのか？　もっと朝早く起きることはできないのか？　朝から体を動かそうと思わないのか？　惰性の毎日を恥ずかしいと思わないのか？　そんな怠惰な青春時代でいいのか？

疑問形がいくつも重なると、「うっとおしいな」と感じませんか。「説教くさい」と思う人もいるでしょう。

「？」が何度も続くと、読み手は「この問いは自分に向けられているのではないか」と感じるようになります。あまりにもたくさん「？」を使うと、読み手は息苦しさを覚え、さらに「？」の数が増すと、間違いなく拒否感を覚えます。

仮に、全体の文字量が多く、長大なレポートや本一冊分もあるようなら、「？」の多用もある程度は許されるかもしれません。しかし、本書がめざすのは「いつ、どこで、だれが読むかわからない、八〇〇字程度」の作文です。八〇〇字、つまり四〇〇字詰め原稿用紙二枚の中に、五つも六つも「?」が登場すると、やはり読み手は違和感を抱くでしょう。

会話文の「　」は発言主を明確に

日本語の文章ではふつう、会話文は括弧で示します。だれかが喋った言葉を「　」で括り、地の文と区別するわけです。括弧には「　」だけでなく、二重かぎ括弧の『　』もありますが、普通は「　」を使用すべきです。

会話を示す括弧には、使い方の基本があります。一つは括弧の中の文章を長くしすぎない、ということです。例文を見てください。

山田一郎首相は「いま日本は大変な危機に直面しています。高齢者は増え、子どもは増えない。その少子高齢化は本当に深刻です。高齢化は先進国に共通する課題ですが、日本のそれは深刻さが際立っています。それと並行して大都市圏への若年人口の流入は顕著ですから、地方の郡部はいよいよ高齢化が深刻です」と演説した。

どうでしょう？　読みにくいと感じませんか。

理由ははっきりしています。この文章の主語は「山田一郎首相」で、それを受ける言葉は「演説した」です。主語と受ける言葉の距離を近付ける。それがわかりやすい文章の基本であると、これまで述べてきました。この文章は基本を大きく逸脱しています。読みにくさは、それが原因です。

たとえ、会話文の「　」を使ったとしても、「主語と受ける言葉の距離を近付ける」という原則を逸脱してはいけないのです。

会話文の使い方には、もう一つ大事なポイントがあります。「　」で括られた話し言葉はいったいだれが発しているのか。それを明確にする作業です。

発言主を曖昧にしたままの文章は、少なくありません。例文を作ってみましたから、まずは参照してください。

ミーティングは朝一番に始まった。「この営業政策では、業績は伸びないだろう」。A部長はそう切り捨てた。「だいたい、市場調査が甘すぎる」。少し間が空いた。「画期的な政策だと思います」。B課長はそう反論した。「今までにない試みです」。「もっと挑戦する社風を育てたらどうでしょうか」。C主任は言った。「だいたい保守的なんだ、わが社は」。D部員も言わずにはおれなかった。「でも、認めないよ。これではダメだ」。そうA部長が言い、打ち合わせは終わった。

この文章も読みにくいと思います。

なぜでしょうか。

この例文によると、ミーティングには少なくともA部長、B課長、C主任、D部員の四人が出席していたことがわかります。そして、新しい営業政策について議論が行われ、四人はそれぞれの立場から発言しています。ただし、それぞれの「　」はいったい、だれが発言しているのか。読み進むにつれ、どれがだれの言葉なのか、判然としなくなるのではないでしょうか。

わかりにくいのは、改行がないからだ。そう思う方がいるかもしれません。では、改行すれば、「 」の発言主は明確になるでしょうか。実際に適度に改行を入れてみましょう。文字は変えていません。

ミーティングは朝一番に始まった。

「この営業政策では、業績は伸びないだろう」。A部長はそう切り捨てた。「だいたい、市場調査が甘すぎる」

少し間が空いた。

「画期的な政策だと思います」。B課長はそう反論した。「今までにない試みです」。「もっと挑戦する社風を育てたらどうでしょうか」。C主任は言った。「だいたい保守的なんだ、わが社は」。D部員も言わずにはおれなかった。

「でも、認めないよ。これではダメだ」。そうA部長が言い、打ち合わせは終わった。

改行ゼロの場合より、少しはわかりやすくなったかもしれません。しかし、多くの方は、「だいたい保守的なんだ、わが社は」という箇所で、一瞬、戸惑うのではないでしょうか。C主任の言葉だと思っていたら、どうもD部員の言葉のようだ、と。

なぜ、そんな誤読が生じかねないのでしょうか。

理由は明確です。「　」の発言の後で、この発言主とは違う人の発言が登場するにもかかわらず、次の「　」を記す前に、その発言主を明示していないからです。「　」はいったいだれの発言か。それを「　」の前に明記せず、「　」だけを続けていると、読み手は戸惑い、混乱します。文章中に登場する発言主の数が多くなればなるほど、混乱は増幅するでしょう。

この点に留意しながら、先の例文を改良してみましょう。

ミーティングは朝一番に始まった。

「この営業政策では、業績は伸びないだろう」。A部長はそう切り捨てた。「だいたい、市場調査が甘すぎる」と。

少し間が空いた。

B課長は「画期的な政策だと思います。今までにない試みです」と反論した。C主任も「もっと挑戦する社風を育てたらどうでしょうか」と続いた。さらにD部員も「だいたい保守的なんだ、わが社は」と口を開く。言わずにはいられない、という気持ちになったらしい。

それでもA部長の態度は変わらない。「認めないよ。これではダメだ」。打ち合わせは終わった。

最初に示した改行なしの文例と比較すれば、ずいぶんとわかりやすくなったと思います。その「　」はいったいだれの発言か。二人以上が登場する場合は、その点にとくに注意し、発言者を「　」の前で明示することが欠かせません。誤読を防ぐためにも、このポイントは忘れないようにしましょう。

体言止めを減らす

日本語の文章はふつう、「〜した」「〜しません」「〜ます」「〜いない」といった終わり方をします。これに対し、名詞やそれに類する語句でセンテンスを終わりにする表現方法を「体言止め」と言います。

秋晴れの空がどこまでも続いていた高原の山荘。
いったい、この道はどこまで続くのかと考えていた昨日までの自分。

こういった終わり方が「体言止め」です。「山荘」「自分」といった名詞だけでなく、動詞の働きを持つ語句を、体言止めにする方法もあります。次のような文章は、文字数の制限が厳しい新聞や雑誌で、頻繁に目にすることができます。

第三次開発計画は順調に進んでいると知事は強調。
阪神タイガースは今季、開幕から六連勝を飾り、例年にない好スタート。

本来であれば「強調した」「好スタートを切った」となるはずですが、それぞれ「した」「を切った」という動詞的な部分を切り落としているわけです。

体言止めは一般に、余韻を残す効果があるなどと言われます。典型例は俳句や短歌でしょう。「古池や　蛙飛び込む　水の音」といった著名な句を例示するまでもなく、体言止めを適切に使うことで、余韻や残響、深みのようなものを出すことはできます。

しかし、「多用」となると、事情は変わってきます。次の文章に目を通してください。

阪神タイガースは今季、甲子園で開幕六連勝と絶好調。とくにエースの能見は三勝。しかも三連続完投。打線も好調でチーム打率はここまで三割超。和田監督も「キャンプの成果が出た」と強調。本当に阪神は強い。

一読して、いかがでしょうか。どこか、なじめない感じを抱きませんか。

それは明らかに「体言止めの多用」に起因しています。カクカクと角張った、味も素っ気もない文章になっています。同じ体言止めでも「古池や――」が持つ残響とは、ほど遠い感じを抱くはずです。

どんな効果的な薬であっても、多用すれば人体に悪影響を与えるでしょう。どんなに希少な食物であっても、毎日それを食べていれば、すぐに飽きてしまいます。

体言止めにも、それが当てはまります。つまり「**体言止めが効果を発揮するのは、たまにしか使わない場合**」に限定されます。先の阪神タイガースの文例のように、繰り返し使っていると、効果が出るどころか、味も素っ気もない文章になってしまうでしょう。

例文を改訂してみます。

阪神タイガースは今季、甲子園で開幕六連勝と絶好調が続いている。すでに三勝のエース能見は、すべて完投。打線も好調で、チーム打率は三割を超す。和田監督も「キャンプの成果が出た」と力を込める。本当に阪神は強い。

体言止めは「すべて完投」の一箇所だけにしました。印象がかなり変わったのではないでしょうか。「〜いる」「〜だった」といった受ける言葉を全てに付していると、「文章全体がまどろっこしい。ネバネバした感じになる」と思う人もいるでしょう。しかし、文章全体がまどろっこしいのは、「〜です」「〜ます」「〜だった」を使用するからというよりは、元々のセンテンスが長すぎることが原因ではないでしょうか。

もう少し、「体言止め」の話を続けます。

「体言止め」には、大きく二つの種別があります。

一つは、動詞のような働きをしないモノや日時、場所などを示す言葉で止める場合です。次のような形です。

史上最高の得票数で当選した、かつての野党党首山田一郎。
真夏日とはとても思えない涼風の吹く日曜日。
大事に仕舞ってあった万年筆。

それぞれ人名や日時、モノで文章を止めています。

これらの三文例を注意深く読んでいると、何か気付くことはないでしょうか。本書でここまでに示した原則に反する箇所が、どこかに横たわっていないでしょうか。

じつは「山田一郎」も「日曜日」も「万年筆」も、どれも主語として使用可能な語句です。逆に言うと、主語の後に続くはずの「受ける言葉」「述語」の部分が省略されているわけです。

では、「受ける言葉」を加えてみましょう。

史上最高の得票数で当選した、かつての野党党首山田一郎(は泣いていた)。
真夏日とはとても思えない涼風の吹く日曜日(は歴史的な一日になった)。
大事に仕舞ってあった万年筆(は当時と同じ書き味だった)。

こうやって並べてみると、「原則に反する箇所」がいっそう鮮明になってくるのではないでしょうか。

そうです。主語を飾る語句が長いのです。とくに「史上最高の―」の一文は主語を飾る言葉が長すぎて、飾る言葉自体を「、」で区切らなければならないほどです。主語を飾る言葉が長いわけですから、読み手は「なかなか主語にたどり着くことができない」という状況に置かれます。

一二日に即日開票された衆院選で史上最高の得票数で当選した、かつての野党党首で長い間、議席を失っていた山田一郎（は泣いていた）。

主語を飾る言葉をここまで長くしてみると、問題点はさらに明確になるはずです。飾る言葉が長すぎて、読み手はなかなか主語にたどり着くことができません。いらつき、さらには読む気力まで失うかもしれません。

何気なく使う体言止めは、「**主語を飾る言葉を短く**」**という原則を逸脱している可能性が高い**わけです。

もう一つの体言止めの種類は、動詞的に使用されている言葉を、その言葉自体で止めてしまう方法です。「〜と強調。」「〜と主張。」「〜と絶叫。」「〜と説明。」などが該当します。「〜と強調（した）。」という「した」が、それぞれの文章の裏に隠された状態です。

こうした動詞的な体言止めも極力避けましょう。先の阪神タイガースの文例で示したように、カクカクした、角張った文章になりかねません。

さらに前後の文脈によっては、「〜と強調した・しなかった」の区別がはっきりせず、誤読されてしまう可能性もあります。これも読みやすい文章に向けての、大事なポイントです。

適切な改行

改行を適切に行うこと。

これもわかりやすい文章のために欠かせないポイントです。

「適切な改行」とは、いったいどういう意味でしょうか。何が適切で、何が適切ではないのでしょうか。

少し長くなりますが、次の文章に目を通してください。高知新聞の二〇一四年五月三日朝刊、憲法記念日に掲載された社説です。その前半部分です。

日本国憲法が施行された一九四七年、当時の文部省が中学生向けの社会科読本「あたらしい憲法のはなし」を作ったのはよく知られている。中でも戦争放棄と戦力を持たないことを定めた九条の解説は印象深い。〈みなさんは、けっして心細く思うことはありません。日本は正しいことを、ほかの国より先に行ったのです。世の中に、正しいことぐらい強いものはありません〉憲法施行からきょうで六七年。集団的自衛権の行使容認を目指す安倍政権の取り組みが進む中、〈正しいこと〉とされてきた九条の精神が重大な岐路に立っている。集団的自衛権は自国が武力攻撃されなくても、同盟国が攻撃を受けた場合に実力で阻止する権利だ。従来、政府は「専守防衛」の範囲を超えるとして認めてこなかった。それを安倍政権は一転、行使容認にかじを切ろうとしている。首相が設置した安全保障に関する有識者懇談会（安保法制懇）は、今月中旬ごろ報告書を提出する。九条の下でも許容される必要最小限度の実力行使に、集団的自衛権が含まれるよう憲法解釈の変更を促す内容だ。それを受けて政府は夏以降の閣議決定を目指している。しかし、歴代政権が積み重ねてきた憲法解釈とどう整合性を取るのか。説得力のある説明はない。行使には首相の総合判断や国会承認など六条件を必要とし、文民統制を強調してはいる。とはいえ「放置すれば日本の安全に重大な影響が出る場合」など曖昧な条件もある。特定秘密保護法と同様、恣意的な運用につながる懸念が拭えない。

新聞の社説ですから、文章そのものが少し硬くなっている点は割り引いてください。それを考慮しても読みにくい文章だと感じませんか。理由はもちろん、「改行がまったくない」からです（実際の紙面上はもちろん適切に改行されています）。

引用部分は六二〇字余りですから、この部分だけで四〇〇字詰め原稿用紙を一枚半も費やすことになります。これだけの分量を読まされている間、一度も改行がないと、読む側は単純に疲れます。

試しに手元にある書籍を開いてみてください。文庫本でも大型本でも何でもかまいません。ぱらぱらとページをめくっただけで、「案外と余白が多いな」と感じるのではないでしょうか。「余白」というより、改行によって生じた「文字のない面積」といったほうが適切かもしれません。

改行があれば、読み手は「読み通すことのしんどさ」から幾分か解放されるでしょう。それだけでも、改行は大きな役割を持っていると言えます。簡単に言えば、読み手の負担軽減です。

では、どこで改行を行うことが適切なのでしょうか。答えは「内容ごとに区切る」です。それが基本です。

内容と無関係に改行していると、改行がまったくない状態よりも、さらに読みにくくなるでしょう。次のような例を示すだけで、その点は十二分に理解してもらえるはずです。

ショーンは馬に乗り、牧場を出た。日が西に傾いている。いつもの酒場に着くと、馴染みのない男の客が一人いた。黒い上着、皮のブーツ。背も高い。ショーンはカウンターでいつものテキーラを頼み、一気にあおった。そのとき、別の男が声を掛けてきた。「きょうの調子はどうだい、兄貴」。隣の牧場の男だ。その様子をあの男がじっと見ていた。

←

(悪い改行例・内容ごとの改行になっていない)

ショーンは馬に乗り、牧場を出た。
日が西に傾いている。いつもの酒場に着くと、馴染みのない男の客が一人いた。黒い上着、皮のブーツ。

背も高い。ショーンはカウンターでいつものテキーラを頼み、一気にあおった。そのとき、別の男が声を掛けてきた。「きょうの調子はどうだい、兄貴」。隣の牧場の男だ。その様子をあの男がじっと見ていた。

↓

（内容に沿って改行した文例）

ショーンは馬に乗り、牧場を出た。日が西に傾いている。

いつもの酒場に着くと、馴染みのない男の客が一人いた。黒い上着、皮のブーツ。背も高い。

ショーンはカウンターでいつものテキーラを頼み、一気にあおった。

そのとき、別の男が声を掛けてきた。

「きょうの調子はどうだい、兄貴」。隣の牧場の男だ。

その様子をあの男がじっと見ていた。

最後の改行例では、意図的に改行箇所を多くしてみました。それによって、文字のない

「空白」の面積が広くなっています。視覚的にも楽になったのではないでしょうか。

豊富な語彙力が役に立つ

英語の力は単語の力、単語の力は英語の力。

英語を勉強する際、先生からそんなことを言われた経験はないでしょうか。英語はだいたい、二〇〇〇語程度の単語を知っていれば、ある程度の日常会話をこなすことができるそうです。

日本語も同じです。

言葉をたくさん知っていること。語彙力があること。

それも作文上達に欠かせない要素です。なぜでしょうか？　自分自身が伝えたいと思っている内容を、どうやって的確な語句や文章にするか。それを突き詰めると、「伝達したい内容を適切に表現する語句を数ある語句の中から適切に選ぶことができるかどうか」という問いに突き当たるからです。

数ある語句から、適切な言葉を選ぶ。

その行為は、言葉をどれだけたくさん知っているか、の裏表です。**似たような言葉の集団の中でそれぞれの言葉を適切に使い分けることができるかどうか**、ということでもあります。

たとえば、「話す」を考えてみましょう。

「話す」に似た語句を思い浮かべてください。

話す

しゃべる　語る　口にする　言葉にする　述べる　言う

まずは、こんな語句が思い付くと思います。では、同じように「話す」の意味を含んでおり、かつ、話し手の「意志」が反映された語句を考えてください。これもすぐ、何個かを思い浮かべることができるでしょう。

話す＋話し手の「意志」

強調する　批判する　非難する　直言する　説明する　訴える　指摘する

では、「話す」「言葉にする」という意味を持ちつつ、そのうえで話し手の「感情」や「気持ち」を含んだ言葉には、どのようなものがあるでしょうか。考えてみてください。

話す・言葉にする＋話し手の「感情」「気持ち」

嘆く　喚く　叫ぶ　咆える　(言葉を) 吐き出す　(語気を) 強める

ほかにもたくさん思い付くでしょう。

これらの言葉はいずれも、広い意味で「話す＝意志・感情を伝える」というグループに含まれると思います。実際、何かの会話文「　」を受ける言葉として、使用できない言葉はありません。

友人は「もうだめだ」と

- 嘆いた
- 喚いた
- 叫んだ
- 強調した
- 語った

問題になるのは、伝える内容の中身の違いを見極め、これらの「話すグループの言葉集」から適切な言葉を選択できるかどうか、です。

たとえば、「説明する」と「叫ぶ」では、ニュアンスが大きく異なります。

逆に「話す」「語る」は、ニュアンスが近似しています。似たようなニュアンスの語句ですから、「話す」「語る」はどちらを用いてもいいのかもしれません。その意味で、「語彙の豊富さ」とは、「言い換え可能な言葉の知識量」と言い換えてもいいでしょう。

言い換え可能な言葉の知識量が少ないと、表現はどうしても平板になり、極端な場合は同じ表現が連続したり、何度も登場したりといった事態になりかねません。

微妙なニュアンスを使い分ける。その技能を身に付けるためには「類語辞典」の使用をお勧めします。類書はたくさんあります。その中で筆者は「類語使い分け辞典」（小学館、松井栄一編）を愛用しています。

同書は似たような言葉をグループ化し、その中で個々の語句のニュアンスがどう違うか、使用例はどうか、といった内容が丁寧に書かれています。語句の指し示す範囲が集合の図でも示されていますから、ぱらぱらと眺めているだけでも楽しくなります。

その「類語使い分け辞典」によると、「語る」と「話す」はほぼ同程度の意味合いを持っていますが、「話す」よりも「語る」のほうが時間的に長いニュアンスがあるそうです。

ここまでニュアンスの使い分けができれば、語句の選択が貧弱になることはありません。「～と言った」「～と言った」などのように、一つの作文の中に同じ語尾が何度も登場する悲惨な作文になることもないでしょう。

決まり言葉を使わない

「決まり言葉」と呼ばれる語句があります。何かの態様を表現するとき、決まって使用される言葉のことです。「うれしい悲鳴」はその代表例でしょう。

新規開店した日、店先では一〇〇人前後の客が行列をつくった。前日までは、想像もしていなかった。猛烈な忙しさの中で、店長はうれしい悲鳴を上げた。

作文として大きな違和感はありません。唯一の問題が「うれしい悲鳴を上げた」です。「うれしい悲鳴」とは、どういう状態でしょうか。

何となく、想像はできます。この場合は、店頭で客をさばくことに忙殺され、悲鳴を上げたいほど働く羽目になったということです。しかも決して悲惨な忙しさではなく、商売繁盛につながる「うれしさ」に満ちていた、ということでもあります。

しかし、忙しさの状態や店主の動き、レジの様子といった具体的な事柄は、何も伝わってきません。ディテールが書かれていないので、読み手は「うれしい悲鳴」という決まり文句からその場を想像するしかないわけです。読み手の想像に任せると、読み手によって違う解釈が成り立ちますから、書き手の意図が正確に伝わらない可能性があるわけです。

決まり文句は便利です。

一方で、手垢の付いた、ありふれた表現でもあります。平凡で、驚きもありません。読み手がそのシーンを「具体的な映像」として思い浮かべることも難しいでしょう。

決まり文句に逃げ込むと、「適切な表現を自分で創造する」という努力を放棄する結果につながりかねません。思考停止になるわけです。結果、自らの創造性に蓋をしてしまうので、作文技術の上達はそこで止まってしまいます。

なるべく使わないほうがいい「決まり文句」。ここではその事例をいくつか挙げておきましょう。

なるべく使わないほうがいい「決まり文句」例

黒山の人だかり
悔しくて唇を噛む
～とつぶやいた
手を焼く
目をむく
首をかしげた
同じ釜の飯を食う
ばい菌がウヨウヨしている
涙をぽろぽろ流す
はらわたが煮えくりかえる
「よし」と膝を打つ
ポンと金を出した
ガチャリと鍵をかける
クモの子を散らす

苦虫をかみつぶしたような
抜けるような青空
ぽかぽか陽気
一面の銀世界
水を打ったような静けさ
砂を噛むような気持ち
天にも昇る気持ち
感心しきり
表情を曇らせる
リンゴのほっぺ
怒り心頭に発した
目を白黒させる
眉をひそめる

こうした「手垢の付いた」「古くさい」言葉は、このほかにもたくさんあります。無数と言ってもいいでしょう。

「決まり文句」として定着した言葉でなくても、手垢の付いた言い回しは多数あります。古くさく、新鮮さもなく、創造性も感じない。そうした語句を連ねる馬鹿馬鹿しさを元新聞記者の辰濃和男さんはこう書いています。著書から一部引用します。

昔は山の遭難があるとなぜか「尊い山の犠牲」という言葉が使われました。海水検査の結果を報じるときの「大腸菌うようよ」は、これを例示すること自体がもう手垢のついた発想になっています。

捕まった容疑者はたいてい「不敵な面魂で」警察署の中に消え、取調室では「ふてぶてしさを装いながらも」「動揺を隠しきれない」が、なぜか差し入れのカツ丼は「ぺろりと平らげる」のです。

新しい汚職事件が発生すると「衝撃が日本列島を走り抜け」、人びとはその「大胆な手口」に「怒りをあらわ」にし、「癒着の構造」に「捜査のメス」が入って

「政界浄化」が実ることを期待します。政府与党の幹部は「複雑な表情を見せ」「対応に苦慮」、国会内は「一時は騒然となって」「真相の徹底究明」が叫ばれ、「成り行きが注目」されます。しかし「突っこんだ議論」はなく、「すったもんだの末」に「永田町の論理」が支配してうやむやになり、関係者は「ほっと、胸をなでおろし」、「改めて政治の姿勢が問われる」ことになるのです。（辰濃和男『文章の書き方』二〇四〜二〇五ページ）

二重主語を排除する

最もわかりやすい文は「主語＋受ける言葉」の形であると、これまで再三説明きました。それに反する代表的な文例があります。

「主語」の後に続くはずの「受ける言葉」が登場しないうちに、再び「主語」が出てくる形です。主語が続けて二度、あるいは二度以上登場するため、筆者はこの形を便宜的に「二重主語の文」と呼んでいます。
まずは、例文を見てください。

社長は部下を鼓舞した。

これは一番わかりやすい文例です。非常にシンプルです。では、この文が次のような形になったらどうでしょうか。

部長が社長は部下を鼓舞したと言った。

わかりにくさが増しました。この文にさらに語句を付け加えてみましょう。

係長は部長が社長は部下を鼓舞したと言ったのを聞いた。

ここまで来ると、一読しただけでは文意を正確に把握できないと思います。
次の文章もその点では同じです。

松山さんは吉沢さんは山田君は高橋君から鈴木君が授業を欠席したと聞いたことを知って驚いた。

まったくわけがわからないでしょう。その理由は簡単に理解できるはずです。一つのセンテンスの中に、たくさんの「主語＋受ける言葉」が混在していて、その切り分けがまったく行われていないからです。
文例では「松山さんが吉沢さんは山田君は」と主語が三回連続します。「受ける言葉」がないまま、主語が続くわけですから、読み手が大混乱するのは当然でしょう。
先の文例を意味ごとに括弧でくくってみましょう。

【松山さんは《吉沢さんは〈山田君は高橋君から［鈴木君が授業を欠席した］と

聞いた〉ことを知って》驚いた】

「二重主語」には、大きく分けて二つの類型があります。

前記の例で明らかなように、まずは、一つの文章を別の文章で取り囲む形です。括弧を使った数式のように表すと、【主語A〈主語B（主語C＋主語Cを受ける言葉）主語Bを受ける言葉〉主語Aを受ける言葉】となります。動詞がまったく出て来ないうちに、A、B、Cといった複数の主語を読まされてしまうわけです。

もう一つの類型は、「受ける言葉」「動詞」とは無関係に、「主語」「主語のような言葉」が連続する形です。三例示しましょう。

東京都の開発計画は、今年は予算五〇〇億円を投入する。
吉田さんは、英語の授業が苦手だ。
今年のイベントは、会社の命運がかかっていた。

多少の形容詞などが挟まれているとはいえ、どの文例も「〜は」の主語に続いて「〜は」「〜が」が続きます。このような実例は、案外と多いのです。

ここで考えてみましょう。

最初の文例にある「開発計画は」を受ける言葉はどれでしょうか。「投入する」でしょうか。そうであれば、文章は「開発計画は投入する」という一文が成り立つはずですが、「開発計画は（予算五〇〇億円を）投入する」という文章は、なんとなくヘンに感じませんか。

そうなのです。明らかにヘンなのです。

よく考えてみてください。

予算を投入する主体は「開発計画」ではなくて、「東京都」ですね？　「計画」が予算を支出するわけはなく、支出はあくまで「東京都」という行政機関です。そうすると、この「二重主語」の文章は、最初からごちゃごちゃだったのではないか、という点に気付くと思います。

正しく書けば、こんな文章になります。

東京都の開発計画は、今年は予算五〇〇億円を投入する。
←
東京都は今年、開発計画に予算五〇〇億円を投入する。

ほかの二例もよく読んでみてください。同じように、主語だけでなく、「〜を」という目的語などが、ごちゃごちゃになっていることがわかると思います。順々に正しく直してみましょう。

吉田さんは、英語の授業が苦手だ。
←
吉田さんは、英語の授業を苦手にしている。

英語の授業「が」苦手。日常的な会話では、このような用法で「が」を使うことはしょっちゅうだと思います。しかし、正確を期す作文では、改めましょう。

「英語の授業が苦手だ」という文は、これだけであれば、意味は通じています。「吉田さん」という主語は後景に隠れているので、文字になった文章だけを見れば「主語＋受ける言葉」という形が成立しているからです。

では、主語を明示しなければならない、となった場合はどうでしょうか。文字で主語を明示しようとすると、どうしても「二重主語」が避け難くなります。それに何より、主語を文字で明示してしまえば、本当は「授業が」は主語ではなく、目的語だったことが見えてくるはずです。

ですから、「吉田さん」を明示する以上は、授業という語句については、主語的な「が」ではなく、目的語であることを示す「を」を使用しなければならないわけです。

次の例文も同様です。修正例はいくつかあります。


今年のイベントは、会社の命運がかかっていた。

↓

①今年のイベントには、会社の命運がかかっていた。
↓
②会社の命運は、今年のイベントにかかっていた。
↓
③会社は、今年のイベントに命運をかけていた。

ここでは、①〜③の修正例を示しました。どの修正例も「二重主語」が消え、読みやすくなったはずです。

読みやすさという点で言えば、三例ともそう悪くはありません。強いて言えば、「受け身形」を排除しているという点で③の「会社は、今年のイベントに命運をかけていた」がベストかもしれません。

語尾に変化をもたせる

日本語の文末は、種類がそう多くはありません。むしろ、少ない、少なすぎ、と言ってもいいでしょう。

現在形であれば、「〜です」「〜ます」「〜である」「〜だ」、あるいはそれらの否定形である「〜ません」「〜ではない」くらいしかありません。

過去形はどうでしょうか。

「〜した」「〜だった」「〜た」。これくらいしか思い浮かばないでしょう。ほかに過去形の書き方があるとすれば、「である」をくっつけて、「〜したのである」といった表現にする程度です。現在完了、過去完了も文末の表現方法という意味では、過去形と事実上、変わるところがありません。

疑問形では「〜ですか?」「〜か?」「〜でしょうか」くらいです。ほかには「〜やれ」「〜しろ」「〜ください」など命令や依頼に関する文末、同意を促す「〜しましょう」「〜

ですね?」、仮定文の「〜でしょう」「〜かもしれない」などが存在する程度です。

こうしてみると、文末の表現は非常に限られていることがわかります。特殊なケースを除けば、書き言葉で文末に使用できる表現の数は、多くて二〇程度ではないでしょうか。

文末の表現方法を増やすためには、「体言止め」が使用できます。もっとも、先述したように体言止めは毒にも薬にもなります。多用すると、文が読みにくくなるだけで、毒の効果しかないでしょう。


ところが、です。

いくら文末の表現方法が限定されているからと言っても、同じ文末を何度も繰り返して使用していると、文章全体は非常に単調になってしまいます。単調な文章は、それだけで読み手を飽きさせてしまうので、同じ文末の連続は、なんとかして避けねばなりません。

例文を読んでください。

小泉首相は一〇年前の演説で、「構造改革こそ日本を救う」と言った。「自民党をぶっ壊す」とも強調した。国民はそんな言葉を力強く思った。政権の支持率はどんどん上がった。それを見て、小泉首相はさらに「構造改革」という言葉を連発した。野党も「小泉政権は長期政権になる」と思った。

センテンスの末尾を順番に並べると、「言った」「強調した」「思った」「上がった」「連発した」「思った」です。「た」が六回も連続します。

読んでみて、どんな感じを持つでしょうか。

それぞれの文章は短く、余分な修飾語もありません。文意は正確に伝わるでしょう。それでも、どこか、物足りない感じがしませんか。あるいは、読んでいて、何となく「飽き」を感じないでしょうか。

原因はおそらく「た」の連続にあります。「た」が六回も連続しているため、リズムが単調になってしまっていることに原因があります。同じ文末の連続によって文章が単調になり、結果として読み手を飽きさせてしまう。そのことは、次のような文章を読めば一目瞭然でしょう。

小泉首相は一〇年前の演説で、「構造改革こそ日本を救う」と言った。「自民党をぶっ壊す」とも言った。国民の多くは「力強い首相だ」と言った。側近は「政権の支持率はどんどん上がっている」と言った。首相は気を良くし、さらに「構造改革」という言葉を何度も言った。野党幹部は「長期政権になる」と言った。

最初の文例を下敷きにした文章です。ところどころで表現を変えました。最大の変更点は、文末をすべて「言った」にそろえたことです。「言った」の六連続。さすがにここまでになると、みなさんも「ひどい文章だな」と感じるでしょう。

どうすればいいのでしょうか。

何とかして「～た」の連続などを避ける。単調を避ける。その工夫を施すしかありません。

ヒントはいくつかあります。

過去の出来事であっても、「～した」「～た」以外の語尾を使用できる。

たとえば、「～である」「～ます」は普通、現在の出来事を指し示す場合に使われます。「現在形」と言われるゆえんは、そこにあります。

しかし、末尾で現在形を使っても、過去の出来事を表現できます。前後の文脈から「過去のことだな」と読み手が理解できればいいわけで、その点さえ抑えておけば、現在形で過去を表現しても差し支えありません。

文例を示しましょう。

小泉首相は一〇年前の演説で、「構造改革こそ日本を救う」と言った。
←
小泉首相は一〇年前の演説で、「構造改革こそ日本を救う」と言ったことがある。
←
小泉首相は一〇年前、「構造改革こそ日本を救う」と演説している。

いかがでしょうか。

修正後の文章の末尾はそれぞれ、「〜ある」「〜いる」となりました。いずれも「現在形」の書き方ですが、「一〇年前」が明示されているので、これを今の出来事と受け取る読み手はいないでしょう。この修正によって、六連続の「〜た」のうち、一つを解消することができました。

ほかの「〜た」も同じです。

一挙に修正してみましょう。

小泉首相は一〇年前の演説で、「構造改革こそ日本を救う」と言った。「自民党をぶっ壊す」とも強調した。国民はそんな言葉を力強く思った。政権の支持率はどんどん上がった。それを見て、小泉首相はさらに「構造改革」という言葉を連発した。野党も「小泉政権は長期政権になる」と思った。

←

小泉首相は一〇年前、「構造改革こそ日本を救う」と演説している。「自民党をぶっ壊す」と強調したこともある。国民はそんな言葉を力強く思った。政権の支持率はどんどん上がっていく。それを見て、小泉首相はさらに「構造改革」を連発した。野党も「小泉政権は長期政権になる」と思っていたはずだ。

文末の「〜た」は六箇所から二箇所に減りました。「〜た」の連続は、一箇所もありません。こうした修正を施しても文意は変わっていないし、損なわれてもいない。そのことが十分に理解できるのではないでしょうか。

しゃべり言葉を使わない

会話では何気なく使っているけれども、作文では使わないほうが良い言葉。じつは、そんな語句はたくさんあります。ここでは、そういった実例をピックアップしてみましょう。

最初は**「では」の用法**です。いくつか例示しましょう。

（A）青森では桜が咲きました。
（B）大正時代では考えられなかった出来事だ。
（C）中国の要請に対し、日本では受け入れ拒否を決めた。
（D）英国政府でもその決定に同意した。

（A）の主語は「桜」です。「桜が咲きました」という主語＋受ける言葉で文は完成しており、誤読の心配はありません。ここで使用された「では」は場所を示す語句であり、「においては」という語句に言い換えることが可能です。

（B）の「では」は、時代、すなわち、「時」を意味しています。この使用例も「においては」に言い換えが可能です。ただし、このAの文例と違って、主語は明示されていません。何らかの主語が後景に退き、隠れています。ですから、読み手は一瞬、「大正時代」を主語と受け取ってしまう可能性が残ります。

（C）の「では」、（D）の「でも」は、双方とも主語にくっついています。つまり間違った使い方です。

中国の要請に対し、日本では受け入れ拒否を決めた。

←

中国の要請に対し、日本は受け入れ拒否を決めた。

英国政府でもその決定に同意した。

←

英国政府もその決定に同意した。

どちらの「で」も不要です。

この文例において、「日本」「英国政府」は主語です。従って、本来は「は」「も」だけを使うべきなのですが、そこに余分な「で」を加えてしまったために、こんなことになってしまいました。
じつは、これと同じような形にしてしまうケースは非常に多いのです。若い学生さんたちに作文を書いてもらうと、かならずと言っていいほど、これらの使い方が登場します。端的に言えば、読み手を混乱させるので、この用法はやめましょう。

次は**「幼い言葉」の排除**です。

若い人、とくに女性が「幼い言葉」を頻繁に使っています。会話で使用する場合、違和感はないかもしれません。しかし、文章という書き言葉にしてみると、失格です。
「幼い言葉」とは、どんな語句でしょうか。

私は親しい子と勉強を続けていた。
同じサークルだった子は、もう結婚した。

この場合の「子」はおそらく、「友人」「同級生」といった意味で使われています。「その子」「あの子」はとても幼い感じがしますので、適切な語句に変えましょう。幼い言葉はほかにもあります。「僕」「ぼく」「ボク」「あたし」――。

これらは典型例です。「きもい」「めっちゃ」「ちょー（超）」といった語句も、なるべく使わないほうがいいでしょう。

あなたの文章は、いつ、どこで、だれが読むかわからないのです。

とくに就職活動の際に提出する書類や作文、学校や職場で使うレポート類。そういった文章でこんな言葉を使っていると、「幼いやつだな」と思われ、読み手は呆れてしまうでしょう。

本来あるべき文字を抜いてしまうと、それだけで文体が崩れてしまうことがあります。典型例は「い」です。**「い」を抜かない**。喋り言葉では違和感を感じないでしょうけれども、文字にすると、途端にヘンな感じがします。

この「い抜き」もじつに目立ちます。どんな内容でしょうか。

東京へ行ってた。 ↓ 東京へ行っていた。
「信じられない」と話してた。 ↓ 「信じられない」と話していた。
私はやってません。 ↓ 私はやっていません。
とてもびっくりしてる。 ↓ とてもびっくりしている。

「い」を抜くと、舌足らずに感じます。かつ、幼い感じも残るでしょう。書き言葉は書き言葉として、正しく使いましょう。

話し言葉の典型例は、まだあります。「の」が「ん」に変化しているケースです。**「~だったんです」の「ん」**です。
例によって、いくつか示してみましょう。修正後の文例は「書き言葉」です。

昨日、その場所に行ったんです。 ↓ 昨日、その場所に行ったのです。

わからなかったんです。➡　わからなかったのです。
君がやったんじゃないか？➡　君がやったのではないか？

最後の例文だけ、「ん」から「の」への修正に伴って、文章の後半部分も改良しています。これらの修正によって、文章の「幼さ」が少し解消されたと思うのですが、いかがでしょうか。

ただし、「ん」から「の」への修正は、地の文でのみ実行すべきだと筆者は考えています。「　」で括られた会話文においては、むしろ、「ん」はそのままにしておいたほうが良いでしょう。

なぜなら、「　」の会話文は、しゃべった言葉そのものを極力、忠実に表すべきであって、そのほうが断然、リアリティが増すからです。実際の会話では、「昨日、行ったのです」と喋る人よりも、もっとくだけた表現、つまり「昨日、行ったんです」を使う人が圧倒的に多いでしょう。

ですから、「具体的に書く」「リアリティを持たせる」という作文の大原則に照らし合わせると、「　」内の表現は「ん」を残したほうがいいと思います。

第4章

文章力をみがくには

〝悪文〟添削で欠点・短所をつかむ

本書ではここまで、「わかりやすい文章をどう書くか」「的確に伝えるにはどうするか」「誤読のない文章の書き方」などをテーマとして、あれこれのノウハウを記してきました。

冒頭、「作文の上達法はとにかく書くこと」と記したことを覚えているでしょうか。作文はスポーツと同じです。練習すればするほど上達します。その点は絶対に間違いありません。

では、どんな練習を続ければ良いのか、どこに気を付けて練習すればいいのか。その方法も本書では示してきました。

そのほかにも効果的な方法があります。

それは「他人の文章を添削する」です。

あらゆる事柄に当てはまることですが、人間、自分の欠点はなかなか把握できません。人から「ここが君の欠点だぞ」と指摘されたとしても、「そうかなあ」程度にしか感じないことはしばしばです。

それに対し、他人の欠点はよく見えるのです。人の欠点や間違いは、少なくとも自身のそれよりは把握しやすいはずです。

作文の練習でもそれを応用しましょう。

あちこちに転がっている「悪文」を手元に引き寄せ、「何てわかりにくい文章なんだ！」と批評してみてください。その際に大事なことは、「どこがまずいのか」「欠点はどこにあるのか」を具体的に考え、その改善も試みることです。

批評しっぱなしでは足りません。欠点・短所の具体的な指摘、および改善に向けた方法。それらを同時に行うことで、文章力は格段に上昇するはずです。

本章は「悪文」添削の練習です。

まずは、インターネット上に存在する「悪文」を筆者の独断で拾ってみました。悪文に対する欠点の指摘、それらの改善方法も付記しています。「自分だったら、どのように書き換えるかな」を考えながら、読み進んでみてください。

（例文1）

最初は厚生労働省のホームページから「悪文」を引っ張ってきました。

高齢者雇用に対する給付金を紹介する項目のうち、「高年齢雇用継続給付について概要」と題された文章の一部です。「高齢者雇用継続給付」という制度について、国の行政機関が正式に記した文章です（https://www.hellowork.go.jp/insurance/insurance_continue.html）。

> 高年齢雇用継続給付は、「高年齢雇用継続基本給付金」と基本手当を受給し、六〇歳以後再就職した場合に支払われる「高年齢再就職給付金」とに分かれますが、雇用保険の被保険者であった期間が五年以上ある六〇歳以上六五歳未満の一般被保険者が、原則として六〇歳時点に比べて、

七五％未満に低下した状態で働き続ける場合に支給されます。

制度の仕組みを、すんなりと理解できましたか。少なくとも筆者は、三度も四度も読み直しました。それでも、制度の概要を理解できたとは思えません。

「高年齢雇用継続給付」は「～分かれます」と書かれています。

何と何に分かれているのでしょうか。何度か読み返すと、ぼんやりわかってきます。どうやら「　」で括られた「高年齢雇用継続基本給付金」と「高年齢再就職給付金」の二つに分かれているようです。

では、波線部分を見てください。

「基本手当を受給し」とあります。この手当を受給する人は誰でしょうか。普通の人は、この箇所でつまずくはずです。はっきり言って、さっぱりわからなくなります。

前半部分だけを再掲します。

高年齢雇用継続給付は、「高年齢雇用継続基本給付金」と基本手当を受給し、

六〇歳以後再就職した場合に支払われる「高年齢再就職給付金」とに分かれます

この制度に関し、筆者はまったくの門外漢です。だから余計に意味がわからなかったのかもしれません。前半部分の意味は、ほかの参考書籍などを参考にして、ようやく理解することができました。それによると、仕組みはこうです。

「高年齢雇用継続給付」は二つに分かれています。一つは、雇用保険の基本手当を受給しない者に支給する「高年齢雇用継続基本給付金」。もう一つは、基本手当を受給し、かつ六〇歳以後に再就職した者に支給する「高年齢再就職給付金」です。

そうすると、「公式ホームページの説明文こそがそもそもおかしい」ということが明確になってきました。もう一度、読んでください。

高年齢雇用継続給付は、「高年齢雇用継続基本給付金」と基本手当を受給し、六〇歳以後再就職した場合に支払われる「高年齢再就職給付金」とに分かれます

「主語＋受ける言葉」の関係、波線部分の前と後ろ、そのあたりの「、」の箇所、それぞれがどれも混乱しています。とくに「〜と基本手当を受給し」の箇所において、「〜と」と「基本手当を」の間に「、」を付けていないことが問題です。

たった七〇文字の文章ですが、この制度に関係する高齢者は全国にたくさんいるでしょう。制度に責任を持つ国の官庁が、こんな程度の文章で説明しているかと思うと情けなくなります。

修正してみましょう。

高年齢雇用継続給付は二つに分かれています。一つは「高年齢雇用継続基本給付金」。もう一つは、基本手当を受給し、かつ、六〇歳以後再就職した場合に支払われる「高年齢再就職給付金」です。

これでずいぶん、わかりやすくなったはずです。

元の文章は「主語と受ける言葉の距離を短くする」「一文一文は短く」といった原則

にも反していました。

今度は後半部分です。


雇用保険の被保険者であった期間が五年以上ある六〇歳以上六五歳未満の一般被保険者が、原則として六〇歳以降の賃金が六〇歳時点に比べて、七五％未満に低下した状態で働き続ける場合に支給されます。


後半部分だけを取り出すと、主語は「一般被保険者」、受ける言葉は「支給されます」であることがわかります。ところが、この部分だけを読むと、「何が」支給されるのかわかりません。支給の条件はあれこれ記載されていますが、いったい何が支給されるのでしょうか。

答えはもちろん、前半部分の冒頭に記された「高年齢雇用継続給付」です。

どうしてこんなわかりにくい文章になってしまったのでしょうか。

前半部分から続けて読むと、文章全体は次のようなスタイルになっています。

高年齢雇用継続給付は、一般被保険者がこれこれの場合に支給されます。

「二重主語」を使ってはいけない。筆者は第3章でそう強調しました。そして、二重主語になっている文章は、主語や受ける言葉、目的語などがごちゃごちゃになっているケースが大半だと指摘しました。

厚生労働省のこの文章が、まさにそれです。

少し修正してみましょう。

高年齢雇用継続給付は、一般被保険者がこれこれの場合に支給されます。

↓高年齢雇用継続給付は、これこれの条件を満たす一般被保険者に対して支給されます。

↓一般被保険者が、高年齢雇用継続給付の支給を受ける条件はこれこれです。

↓これこれの条件を満たす一般被保険者に対し、高年齢雇用継続給付は支給されます。
↓これこれの条件を満たす場合、一般被保険者は高年齢雇用継続給付の支給を受けることができます。

受け身形の文章よりも、能動態の文章のほうが意味は明瞭になります。英語で「CAN」の意味を示す受け身形は、「〜できる」の形に改良すべきだと、前章で指摘しました。

そうしたことを考え合わせると、一番わかりやすい文章のスタイルは最後の四番目です。

ここまでの指摘を軸にして、そのほかの修正すべき箇所も加味しながら、文章全体を改良してみましょう。

その際、とくに注意すべきは、文章の中ほどにある「〜が、」でつないだ箇所です。「〜が、」の前後を読むと、明らかに「正対」ではありません。それにもかかわらず、真の意味での正対にしか使ってはいけない「〜が、」を使用したので、文章全体はいっそうわかりにくくなっています。修正に当たっては、この「〜が、」を消し去ることも必要です。

高年齢雇用継続給付は、「高年齢雇用継続基本給付金」と基本手当を受給し、六〇歳以後再就職した場合に支払われる「高年齢再就職給付金」とに分かれますが、雇用保険の被保険者であった期間が五年以上ある六〇歳以上六五歳未満の一般被保険者が、原則として六〇歳以降の賃金が六〇歳時点に比べて、七五％未満に低下した状態で働き続ける場合に支給されます。

↓

高年齢雇用継続給付は二つに分かれます。一つは「高年齢雇用継続基本給付金」。もう一つは、この基本手当を受給し、かつ六〇歳以後再就職した場合に支払われる「高年齢再就職給付金」です。支給には（一）雇用保険の被保険者であった期間が五年以上で、かつ六〇歳以上六五歳未満の一般被保険者（二）原則として六〇歳以降の賃金が六〇歳時点に比べ七五％未満に低下し、その状態で働き続ける――の条件を満たす必要があります。

原文は一六〇字。修正後は三〇字ほど増加しました。文字数は増えましたが、わかりやすさは相当に増したと思います。

(例文2)

知識基盤社会の到来や、グローバル化の進展など急速に社会が変化する中、次代を担う子どもたちには、幅広い知識と柔軟な思考力に基づいて判断することや、他者と切磋琢磨しつつ異なる文化や歴史に立脚する人々との共存を図ることなど、変化に対応する能力や資質が一層求められている。

この例文も政府機関の公式ホームページからです。

文部科学省のホームページに掲載されている「新学習指導要領 生きる力」のうち、

「言語活動の充実に関する指導実例集【高等学校版】」からです。

ホームページによると、掲載は二〇一二年六月二五日です(http://www.mext.go.jp/a_menu/shotou/new-cs/gengo/1322412.htm)。

文書の正式な表題は「第一章 言語活動の充実に関する基本的な考え方」の「(一)学習指導要領における言語活動の充実」の「ア 新しい学習指導要領の基本的な考え方」です。

文字数は一三〇字です。これが一文、すなわち、ワン・センテンスになっています。一行二〇字詰め原稿用紙に換算すれば、六行超といったところでしょうか。

一読して、いかがでしょうか。

「わかりやすい」と感じますか。

「わかりにくい」と感じますか。

行政文書特有の堅苦しさを抜きにしても、筆者は「わかりにくい」と思います。学習指導要領の、しかも高校の国語教育に関する文書において、のっけからこんな文章が登場していることは、やや驚きでもありました。国語教育に関わる先生たちも読み通す気力を失うに違いありません。

どこがまずいのでしょうか。

第一。センテンスが長すぎます。

第二。この文章には主語が明示されていません。そのうえで文末の「受ける言葉」が「求められている」という受け身形が登場しています。主語を隠してしまった結果、受け身形の文章にせざるをえなかったのでしょう。結果的に、まどろっこしい文章になってしまいました。

第三。本書で繰り返してきたとおり、文章の最もわかりやすい形は「主語＋受ける言葉」の形です。「主語」と「受ける言葉」の距離をできるだけ近付け、かつ、主語を飾る語句を短くしなければなりません。

ここに示した文部科学省の文章全体を熟読すると、どう考えても、主語は「次代を担う子どもたち」です。

子どもたちにとっては、あれこれの能力や資質が必要だ――。文章はそんな内容を訴えようとしています。それであれば、「子どもたち」を主語として明記しなければなりません。センテンスも「次代を担う子どもたちは〜の能力や資質を身に付けなければならない」といったシンプルな構成に変える必要があります。

第四。前掲の文章には一センテンスの中に「〜や、」が二度も使用されています。しかも「〜や、」の箇所が離れていますから、読み手はますます混乱します。

第五。語句を飾る言葉が非常に長くなっています。長すぎです。

たとえば、キーワードとおぼしき「能力や資質」。これを飾る語句として、どんな表現が使われているでしょうか。

すぐにわかるのは、直前の「変化に対応する」です。通して読めば、原文にもある通り、「変化に対応する能力や資質」となります。

これだけなら、まだ意味は通じます。

では、その前に連なる「他者と切磋琢磨しつつ異なる文化や歴史に立脚する人々との共存を図ることなど」は、その後ろのどの語句を飾っているのでしょうか。

「変化」でしょうか。

「能力や資質」でしょうか。

「〜共存を図る」ことは、変化とは言い難い感じがします。従って、原文の筆者はおそらく、「能力や資質」を飾る意図を持って、この修飾句を用いたのでしょう。そうだとすれば、「飾る言葉」と「飾られる言葉」の間に「変化に対応する」という余分な語句を挿入すべきではありませんでした。

ある語句を飾る語句は極力少なくすべきです。

それでも使用しなければならない場合はあります。そのときは「飾る言葉」「飾られる言葉」を近づけ、くっつけてこそ、です。「飾る言葉」「飾られる言葉」の距離を離してしまうと、読み手はわけがわからなくなるのです。

さらに、この文部科学省の文章には「幅広い知識と柔軟な思考力に基づいて判断すること」という記載も登場します。

いったい、この文はどの語句と関係しているのでしょう？ 「もう、わけがわからない」と思いませんか。

どのような修正を施せば、この原文は読みやすくなるでしょうか。前記の指摘を踏まえて、筆者は以下のように修正してみました。

知識基盤社会の到来やグローバル化の進展などによって、社会は急速に変化している。次代を担う子どもたちは、それに対応するための能力や資質が一層必要になる。幅広い知識と柔軟な思考力に基づいて判断すること。他者と切磋琢磨しつつ、異なる文化や歴史に立脚する人々との共存を図ること。そうした資質や能力である。

修正後は一四八字です。原文との差はプラス一八字。一行二〇字詰めの標準的な原稿用紙に落とし込めば、一行ほどのプラス。行数は増えますが、それ以上に「わかりやすさ」が増す効果のほうが大きいのではないでしょうか。

ここで紹介した厚生労働省や文部科学省の「悪文」は、ほんの一例です。官公庁の公式ホームページや公文書に目を通していると、「よくこんな悪文を放置しているなあ」と感じる文章に次々と行き当たります。

国民に対してわかりやすく説明する。その意志が希薄なのか、そもそもの文章力がこの程度なのか、あるいは別の事情があるのか。

いずれにしても、こんな文章を読まされる国民は、たまったものではありません。官公庁のホームページを覗く機会があったら、読者のみなさんもぜひ、「悪文かどうか」のチェックをしてみてください。

〈例文3〉

官公庁の文章には「悪文」があふれていました。民間企業はどうでしょうか。

筆者の感覚だけで言えば、民間企業の対外的文章は、官公庁ほどひどくはありません。歯切れが良く、センスにあふれ、思わずメモしたくなる。そんな文章もたくさんあります。

ただし、あくまで筆者の個人的な経験に基づく「感覚」です。「総じて」という程度の話であって、「悪文」にも再三遭遇します。

以下は民間企業による「悪文」実例です。トヨタ自動車のニュースリリースから引用しました。

トヨタ自動車の公式ホームページの「Global Newsroom」。

二〇一四年四月二〇日付で同欄には「トヨタ、北京モーターショーで新型カローラ、新型車レビンを初披露」「中国で五〇年、新たなる飛躍へ」と題するニュースが掲載されています（http://newsroom.toyota.co.jp/jp/detail/2013 7838/）。

文章はこう始まります。

四月二〇日に開幕した北京モーターショーで、トヨタは、合弁パートナーである一汽トヨタ自動車販売有限会社、広汽トヨタ自動車有限会社と共に、主力車種およびコンセプトカー計三八台を出展した。一九六四年にクラウンを初めて中国に輸出して以来、今年で五〇年を迎えたが、今後も中国事業の強化に取り組んでいく。

なお、今回の北京モーターショーにおける展示の主役となるのは、中国初披露となる新型カローラならびに新型車レビンである。

問題は、この後に続く文章です。二三〇字が一文、すなわち、ワン・センテンスとなっています。まずは、目を通してみてください。

> トヨタ自動車の伊原保守副社長は、北京モーターショーのプレスカンファレンスにおいて、二〇一五年に、今回発表した新型カローラおよび新型車レビンに中国産ハイブリッドユニットを搭載し、新型ハイブリッド車として、装い新たに中国の消費者に届ける計画を明らかにするとともに、また将来的には、中国市場にて日系メーカーNo.1、ブランド別シェア三位となることを目指し、努力していくことで、「いずれは、年間販売二〇〇万台規模の事業へと成長を遂げることが、私の描く中国事業の将来像である」と語った。

いかがでしょうか。

ほとんどの方が「わかりにくい」「読みにくい」と感じるはずです。

トヨタ自動車は世界的な企業ですから、もしかしたら、この文章は英文を単純に和訳しただけかもしれません。そうであったとしても、日本人向けの日本語ホームページ上での文章ですから、これはいただけません。

読みにくい、わかりにくい。

その原因はどこにあるのでしょうか。

ここまで本書を読み進めてくださったみなさんは、もう十分、理由がわかると思います。先の「悪文」修正と同様、まずは具体的に指摘してみましょう。

第一。文章が長すぎました。四〇〇字詰め原稿用紙で一〇行超にも及ぶ分量を、一つの「。」に収容してはいけません。

第二。文章が長すぎた結果、主語の「伊原保守副社長」、受ける言葉の「語った」の距離が離れすぎました。

文章は短く。主語と述語の距離を短く。これは読みやすい文章の大原則です。それを踏み外しただけで、こんなにも読みにくい文章になってしまいます。

第三。「二〇一五年に」の位置が悪く、この言葉がどの語句を飾っているのか、瞬時に判断できません。

第四。全体のキーワードと思われる語句は「計画」です。どんな計画内容なのか、それがこの文章のポイントです。それにもかかわらず、「計画」の具体的な説明が「計画」という語句を使う前に登場しています。しかも「計画」を飾る語句が長すぎです。

第五。「計画」という語句の後ろにも、「計画」の具体的説明が登場しています。キーワードの前にも後ろにも、当該のキーワードを飾る言葉が連なっているわけです。これでは、読み手は大混乱するだけです。

ほかにも個別の指摘は何箇所も可能でしょう。

いったい、この悪文はどう修正すべきでしょうか。

ポイントはやはり「計画」というキーワードにあります。

文章を熟読すれば、計画にはどうやら二つのカテゴリーがあることがわかります。一つは「二〇一五年に」実施するハイブリッド車の事業展開。もう一つは将来的な中国市場でのシェア目標です。

修正に際しては、この二つのカテゴリーを「。」できちんと区切って、センテンスを分けることを考えましょう。そのうえで、副社長の発言部分、「　」も別のセンテンスで収容しましょう。

とにかく、長いセンテンスを短くし、最低でも内容別に「。」で区切ることを最優先させます。

修正例はたくさんあると思います。

筆者は以下のように改良してみました。

トヨタ自動車の伊原保守副社長は、北京モーターショーのプレスカンファレンスにおいて、二〇一五年に新型ハイブリッド車を中国の消費者に届ける計画を明らかにした。新型カローラおよび新型車レビンには、中国産のハイブリッドユニットを搭載する。伊原副社長はまた、中国市場での将来目標として、「日系メーカーNo．1」「ブランド別シェア三位」を掲げた。その上で伊原副社長は「いずれは、年間販売二〇〇万台規模の事業へと成長を遂げたい。それが私の描く中国事業の将来像である」と語っている。

センテンスは四つになりました。改良後の文字数は二三三字。原文にプラス三文字ですから、ほぼ同じ分量と言って差し支えないでしょう。

いかがでしょうか。

内容ごとに塊をつくり、それぞれを「。」で区切る。その作業だけでずいぶんと読みやすくなったと思いませんか。

二センテンス目の「～搭載する」を除く三つの文章で、主語と受ける言葉を明示しています。「伊原副社長」が三回出てくるので、その点では「うっとうしいな」と感じるかもしれません。そうであるなら、最後の「　」の箇所は、「伊原副社長」という主語を省いてもかまわないでしょう。

改良した文章では、あえて最後の文章の末尾を「～語っている」と現在形にしてみました。二文目も「～する」で終わっています。それらを含めて、「～た」の形が連続することを避けたわけです。

伊原副社長の発言を「～語っている」とすることで、誤読の可能性は生じるでしょうか。

発言は、北京のプレスカンファレンス（記者会見）で行われており、そのことは冒頭で明示されています。ですから、「〜語っている」という現在形を用いても、読み手は「終了済みの記者会見での発言だな」とわかるはずです。つまり、現在形で文を締めても誤読の可能性は極めて少ないと言えるでしょう。

八〇〇字の作文を仕上げる

「八〇〇字の作文を書く」という当初の目標に戻って話を進めましょう。

ここまでを通し、「読み手をいきなり現場へ連れて行く」「冒頭は具体的に」「作文の構成＝起承転結の大切さ」「一文一文をきちんと書く」といったことを伝えてきました。敢えて、「悪文」も示しました。

そういったポイントを念頭に置きながら、「仕上げ」を考えてみましょう。

実際に八〇〇字程度の作文を書いてみる。格闘してみる。

上達には、その点が一番大切です。

まず書くことです。

「畳水練」という言葉があります。畳の上で水泳の練習を繰り返しても、泳ぎは身につかない、という意味です。泳ぎを覚えるには、川や海、プールで練習しなければなりません。テニスもスキーも同じです。将棋や囲碁、マージャンでも同じでしょう。

作文もこれらとまったく同じです。

まず、書きましょう。書いてみましょう。そこからすべてが始まります。それなしには何も始まりません。


ここから先は、八〇〇字程度の作文例を紹介しながら話を進めます。

日本ジャーナリスト会議（JCJ）というジャーナリストの団体があります。JCJ主催の「ジャーナリスト講座」で、筆者は時どき、「文章講座」の講師を務めています。参加者の大半は学生さんです。中には、フリーランスや会社員としてすでに記者活動を続けている人もいました。筆者はかつて、母校の大学でマスコミ志望者向けの講座を担当し、同じような講師を務めたこともあります。

もちろん、私自身は国語の先生でも研究者でもありませんから、教え方は相当にめちゃくちゃだったと思いますが。

ここで紹介する作文は、そうした学生さんたちが書いたものです。

「学生とはいえ、記者志望ならものすごく上手な文章を書いているのではないか」と思われるかもしれません。しかし、かならずしもそうではありません。最初からだれしもが上手に書くわけではありません。

次の作文を読んでください。書いたのは、大学四年の女子学生です。文字数をカウントすれば八〇〇字足らずですが、四〇〇字詰め原稿用紙を使い、改行などを施せば、ちょうど二枚になります。

傍線や強調部分は気にせず、まずは読み通してみてください。


五分が限界だった。騒音が予想をはるかに超えた大きさで耳をつんざく。ただ涙が止まらなかった。昨年八月に那覇航空自衛隊基地に入った時の話だ。騒音自体や、それを日常的に享受している人がいることもショックだったが、何よりそれを今まで本気で考えていなかった自分にショックを受けた。

基地問題自体には関心があり、それなりに勉強していたつもりだった。しかし実際に現場に出向いて、自分がいかに当事者から離れた机上の視点でしか考えていなかったかを痛感した。**認識が改まったことで世界がまるで変わってみえた瞬間**だった。

テレビや新聞には連日「普天間」の文字が躍る。しかしその普天間は、多くの人にとって政争の具、外交の懸案事項としての「フテンマ」でしかないだろう。昨年の東日本大震災もまた然り。今だ生活に困る被災者がいる一方、節電もどこ吹く風の以前と変わらぬと新のネオンに虚しさを覚える。普天間も被災地も紙面・画面の向こう側の世界としてしか認識されていないのだろう。

仕方がない部分もある。全てを認識するのはまず不可能だし、自分の身近なことから関心が芽生えるのも当然だ。しかしそれでいいのかと言えば違うだろう。社会の中で生きる以上、その社会が生んだ歪みは自分たちが正していかねばならないと思う。基地や原発のような、少数の犠牲の上に多数の恩恵が成立するという歪んだ構図を正すには、人々の認識の世界を変える必要があると思う。そこで力を発揮するのが、メディアだろう。

私は記者になりたい。自分が現場に行くことで知り得たものを社会的に広めることで、人々の認識の世界を広げたい。物理的にも精神的にも、真の意味で「弱者」に寄り添う。そうして自分が書いた記事で多くの人の温かな関心・共感を呼び起こしたい。あの日の騒音体験は、新たな認識の世界とともに、私にそんな固い決意をもくれた。

いかがでしょうか。

前記した通り、他人の粗は見つけやすいはずです。どこをどうすれば読みやすくなるか。添削者になったつもりで、読んでみましょう。

まず、誤字や脱字はいけません。明らかな誤字・脱字は、読み手の意欲をそぎ落としてしまいます。ここでの誤字は、網かけで示しました。

「今だ」は誤用です。いま現在、なにかの出来事が為されていない状況を示す語句が「いまだ」ですから、正解は「未だ」あるいは「いまだ」です。「今だ」を使うと、「まさにこの瞬間」を意味する「今だ！」になってしまいます。

「と新」は明らかに「都心」の誤りでしょう。作文を書くとき、多くの人はパソコンの文章作成ソフトを使うはずです。「と新」は変換ミスに違いありません。

ここで、一つ注意を。

作文を書くとき、筆者はなるべく、ペンや鉛筆での「手書き」を勧めています。とくに入社試験、入学試験などで論文・作文を「手で書く」必要がある場合は、絶対に「手書き」で練習すべきです。

なぜでしょう？

答えは簡単です。実際の試験では、パソコンを使うことができないからです。手書きの経験をほとんど積まないまま、本番でいきなり、「八〇〇字を手書きで書きなさい」と言われたら、おそらく対応できません。なにごとにも練習が必要というのは、そういう意味でもあります。

話を進めます。

一読して、全体の印象はどうだったでしょうか。最初の段落を読んで「もっと読み進めたい」と感じたでしょうか。あなたには「読み通す義務がない」と仮定した場合はどうでしょうか。

第1章で記した通り、作文は「冒頭が命」です。読み手の心を最初にグッとつかまえることができるかどうか。「もっと読みたい」と思わせることができるかどうか。その点が一番重要です。

だからこそ、作文の冒頭には「具体的エピソードを」「色や形、匂い、音などが伝わるように」と繰り返しました。

この沖縄の作文において、「冒頭のエピソード」は以下の文章だと思います。波線を付した箇所です。

五分が限界だった。騒音が予想をはるかに超えた大きさで耳をつんざく。ただ涙が止まらなかった。昨年八月に那覇航空自衛隊基地に入った時の話だ。

具体的な出来事、自分が経験したこと。その部分から書き起こそうとした姿勢はうかがえます。

しかしながら、どうでしょう?

波線部分によって、どんなことがわかるでしょう?

具体的な「場面」をどの程度思い浮かべることができるでしょうか?

この冒頭箇所は、四つのセンテンスで成り立っています。センテンスをばらばらにして検討してみましょう。

五分が限界だった。

後に続く文章を読めば、自衛隊基地で聞いた航空機の音がうるさかったのだと想像できます。しかしながら、「五分が限界」だったの意味が詳しくはわかりません。我慢の限界だったとしても、どの程度の限界だったのか。

第2章で指摘したように、**作文では、情報を正確に伝えることが必要です。読み手によって受け止め方が変わる事態を避ける。それが大切です。**だからこそ、「暑い」ではなく「気温は三〇度」と書くべきだ、と説明してきました。

その点を踏まえると、この作文例の「限界」は、非常に曖昧な語句です。

ある人の「我慢の限界」は、別の人の「我慢の限界」とかならずしも一致しません。「俺はうるさく思わなかった」「そんなことも我慢できないのか」といった受け止めは、日常でも珍しくありません。

「限界」と書くのであれば、誤読の少ない「ものさし」を文中で示すべきでした。

冒頭が、こんなふうに記されていたらどうでしょう?

　爆音は、走行中の地下鉄車内と同じレベル
の大きさだという。それを五分間も聞かされ

「我慢の限界」がいっそう明確になると思いませんか?

た。爆音下の五分は長い。限界だった。

いかがでしょう。具体的の度合いが少し進み、その場の様子をイメージしやすくなったと感じませんか。

「五分が限界だった。」の一文には、別の観点からも指摘しておくべきことがあります。五分が過ぎて、筆者の(がまんの)限界に達したとき、「いったい何が起きたか」という具体的な情報が登場しないことです。「限界だった」と記す以上、書き手自身や周囲の人々の間に、何らかの異変や動作、感情の発露などがあったはず。そう考えるのが自然です。

書き手は具体的にどんな行動をとったのでしょう?

耳に栓をしたのか。

両手で耳を塞いだのか。

防音設備のある施設に飛び込んだのか。

逃げ込む場所がなく、その場にしゃがみ込んだのか。

そうした「事実」こそが、「具体的」の内実です。

騒音が予想をはるかに超えた大きさで耳をつんざく。

これが二番目のセンテンスです。しかし、具体性の観点から言えば、指摘事項は先ほどと同じです。

騒音がどの程度だったのでしょうか。つまり、「予想をはるかに超えた大きさ」とは、どの程度だったのか、というモノサシを書いてないわけです。そもそも、どういう「予想」だったのか。その記述もありません。

ですから、書き手が感じた騒音の「大きさ」が、読み手にきちんと伝わりません。「耳をつんざく」も同様です。抽象的な形容詞であり、手垢の付いた表現ですから、読み手の解釈は広いまま残ってしまいました。

次のセンテンスはこう書いてあります。

ただ涙が止まらなかった。

意味不明です。

「ただ」は「しかし」の意味か、「なすすべもないまま」の意味か。前後の文からすれば、どちらの解釈も可能な気がします。

「涙が止まらなかった」もさらなる説明が必要でしょう。

身体的な不調が生じて涙腺を刺激されたのか。感情が突き動かされた結果か。そもそも、この一文は比喩的に書いたのか、実際に起きたことの描写なのか。

こうした点も可能な限り、具体的に書く必要があります。なぜなら、「涙が止まらなかった」というほどに涙を流すことは、ふだん、そうそう起きることではないからです。

比喩的な表現や大げさな形容を施さなくても、その時々に生じていた出来事や様子をたんたんと描写する。それだけで迫真度は増し、読み手に対する訴求力はアップします。

昨年八月に那覇航空自衛隊基地に入った時の話だ。

ここで示した四文のうち、最初の三文は「導入のエピソード」に該当しています。「起承転（展）結」の項目で説明した通り、冒頭の具体的エピソードは具体的描写にこだわるべきです。色や形、匂い。そういった「風景」「場面」を書き込む。さらに言えば、「目の不自由な人であっても、言葉を聴くだけでその場の映像を思い浮かべることができる」ことを目標にすべきです。

これこそが第1章で説明した「虫の目になって書く」考え方です。

一方、エピソードを具体的に細かく説明した後は、「そのエピソードがいったいどんな状況下のことなのか、全体像のどの部分を構成しているのか」を説明する必要が生じます。

「起承転結」の「承」に相当する部分で、これはいわゆる「鳥の目」でした。鳥のように高く舞い上がって、具体的エピソードが生じていた「場所」「全体」「状況」を見下ろすわけです。それによって読み手は、具体的エピソードの位置付けや意味を判断できるわけです。

「昨年八月に那覇航空自衛隊基地に入った時の話だ。」の一文は、本来、「鳥の目」でなければなりません。その観点から言うと、騒音のうるささに関する「エピソード（＝虫の目）」の後に「全体の状況説明（＝鳥の目）」を持ってくる基本はできている、と言えるでしょう。

問題は全体構成とその分量にあります。

八〇〇字近い作文のうち、冒頭エピソードの「起」が三文、合計四五文字。そして「承」は一文、二三文字。本当にこれで「起」「承」だとしたら、残り七〇〇文字強を「転」「結」に充当せねばなりません。

この分量構成だと、いかにもバランスが悪いわけです。

実際、すでに述べたように、「五分が限界だった。騒音が予想をはるかに超えた大きさで耳をつんざく。ただ涙が止まらなかった。」という冒頭は、「いきなり読み手を現場に連れて行く」というエピソードとしては、情報が不足しています。もっともっと細かな情報を書き込む必要があります。

そのうえ、「承」に該当する箇所もわずか二三文字だとしたら、これも「鳥の目」としては説明不足です。

いったい、どうやって航空自衛隊の基地に入ったのか。

何かのイベントに合わせてか、大学のフィールドワークの類か。

たくさんある自衛隊基地のうち、なぜ「那覇航空自衛隊基地」なのか。

こうした事柄に関し、読み手にもっと情報を与えないと、書き手の伝えたいことを的確に伝達できない可能性が大です。


こうした欠点を補おうとすると、「起」「承」の文字数は増えてしまいます。その結果、全体の分量も膨らんでいきます。八〇〇字を超すかもしれません。では、どの文章や文字を減らせばいいのでしょうか？


傍線・二重線の付いた原文に再び目を向けてください。

傍線の付いた文字があります。いずれも「〜が、」「しかし」という逆接の箇所で、二種類、計四ヵ所です。


第2章で「逆接は控えよう」と記しました。その原則に沿うと、八〇〇字で四カ所は多すぎます。上限が八〇〇字であれば、「逆接ゼロ」を目指しましょう。どうしても使いたい場合は一カ所。二カ所になると、読み手は「読みにくい」となります。

次は別の指摘です。

二重線の付いた文字に注目してください。いずれも「。」の付く文末です。

「〜だろう」

「〜当然だ」

「〜思う」

「〜たい」

全部で四種類、合計八ヵ所です。

これら「〜だろう」「〜思う」で終わる各文章は、いずれも「書き手の意見・考え・推測・意志」を示しています。多少の差異はありますが、合計で八つになるこれらの文章は、「書き手の考え」を示した文章と言えるでしょう。

ここでもう一度、原文全体をよく見わたしてください。

「〜思う」「〜たい」といった語句が、作文の前半には登場しません。逆に、全体の中盤から後半になると、次々に出てきます。

これはいったい、何を示しているのでしょうか？

おそらく、書き手の大学生は「最初はエピソードを書かなきゃ」と認識していたはずです。そして後半に自分の意見を書き連ねようとした。だから、後半部分で「〜思う」式の表現が増えているのでしょう。

でも惜しいことに、前半部分があっさりしすぎたために、後半は自分の意見だけを長々と連ねる構成になってしまいました。意見を表明することが悪いわけではありません。それでも「〜思う」と意見を表明する以上は、「その考えに至った根拠」を具体的に示す必要があります。

ある意見に至った根拠が「〜と思ったから」というのであれば、それは堂々巡りでしかありません。

「なぜそう思ったの?」「だってそう思ったもん」

「なぜパスタが好きなの?」「それは好きだからです」

これでは子どものやり取りです。これほど極端ではないにしても、「思った」根拠が「思った」であれば、読み手を納得させることは難しいでしょう。

ここで「論」を展開する上での留意点を少し示しておきます。

先述したように、「論」とは自分の意見や考えを記述することを指します。八〇〇字程度の作文を「起承転(展)結」で構成する場合は、最後の「結」がこれに該当します。そして、「結」を書くに際し、絶対に欠いてはいけない視点があります。

意見や考えの根拠については、そこに至る理由をできるだけ具体的に示す。

これが基本です。意見の根拠が抽象的であればあるほど、その「論」はとらえどころのない、ふわふわした感じになってしまいます。以下の文章を読んでみてください。

　Ａ市の民間外交は事実上破たんしていると思う。だから、立て直しが必要だ。民間にも「外交」は必要だと思う。Ａ市はしっかりと、破たんを反省し、再構築に向かわなければならない。

センテンスは四つ。末尾は「〜と思う」「〜必要だ」「〜と思う」「〜ならない」という形式が並び、それぞれの文はすべて、筆者の「意見」「考え」を示しています。

この文例に説得力はあるでしょうか。

残念ながら、そうは思えません。なぜなら「〜思う」に至った根拠が示されていないからです。読み手を納得させる「根拠」がないため、「私はこう思う。それは私がそう思っているからだ」式の構成に陥ってしまいました。

この場合、どうすれば良いでしょうか。

もっとも適切な方法は「根拠を具体的に示す」です。あなたが何らかの思考を巡らせ、ある結論に至った場合、「発端となった何か」があるはずです。この「何か」は多くの場合、以下のようなものでしょう。

・第三者の発言や意見
・公的なデータや情報
・何らかの出来事、それを伝える報道

・知人らとの議論
・読書や映画鑑賞

要するに、さまざまな回路によって、あなたが外部から取り入れた情報。それが「発端となった何か」です。「何か」は一つではなく、ふつうは複数であり、互いに複雑に絡み合っています。そうしたプロセスこそが、「自分の意見に至った理由」です。

したがって、「説得力のある論」を仕上げるには、こうした「発端」「経緯」を示すことが必要なのです。あなたの「論」は、ゼロの状態からあなたの脳裏で創出されたものではありません。外部から情報を取り入れた結果です。したがって「発端」「経緯」を具体的に書けば、自ずと「客観的データ」になっていくはずです。

そこにこそ、「思うから思う」式の文章から脱却するポイントがあります。それを徹底すると、説得力は増します。この点を忘れてはいけません。

さて、もう一度、沖縄の作文例に戻りましょう。

全体をどのように改良すれば、この作文は引き立つでしょうか。
筆者の学生さんから、この沖縄での体験を詳しく聞いたことはありません。ですから、原文以上の情報は手元にありません。したがって、以下の修正には「高田の想像した事柄」が多数含まれています。学生さんが書きたかった内容とは違っているでしょう。あくまで文章の書き方例として以下の修正例を読んでください。文字数はやや減りました。

　五〇メートルほど離れた滑走路から、戦闘機が次々に飛び立った。駐機場にはエンジンを掛けっぱなしの輸送機もいる。東の方角からは戦闘機が急降下してきた。着地したかと思う間もなく、すぐ機首を上げて遠ざかっていく。

昨年八月の沖縄旅行。その二日目、私は沖縄県那覇市の航空自衛隊基地をフェンスの外側から見学していた。

すさまじい爆音が続いた。自衛隊の係官に聞くと、走行中の地下鉄の車内より音は大きいという。案内役の地元住民は「これを連日、何時間も聞かされているんです」と言う。見学前、私自身も「相当うるさいだろう」と思ってはいた。それでも、真横に立つ人の大声が聞こえないほどだとは想像もしていなかった。五分後にはもう、爆音に耐えがたくなった。

　基地を見た後、米軍普天間飛行場へも行った。米空軍の嘉手納基地にも足を運んだ。近くのレストランの屋上から見た基地の広大さを私は忘れない。

　この沖縄行きは小さな好奇心から始まったにすぎない。テレビや新聞をにぎわす「基地問題」。あれはいったい何だろう、沖縄では何が起きているのだろう、そして基地はどういう存在なのだろう、と。

　結果から言えば、「自分は甘かった」とい

うしかない。事前勉強は「それなりの知識」でしかなかった。現実は違う。騒音一つにもそれは現れていた。マスコミが伝える「普天間」の多くは、外交や国内政治の問題として描かれている。住民の日常目線に立った報道は少ない。そうかと言って、爆音の本当の大きさをテレビで聞こうとしたら、内蔵スピーカーは壊れてしまうだろう。

　あの日、案内役の方に「なぜ沖縄に来たの？　基地なら首都圏にもあるでしょ。横田とか厚木とか」と言われた。知らないのではな

く、知ろうとしていなかった――。それを痛感
した。「知る努力」を欠いていた。それは私
だけのことではないのかもしれないと思った。

いかがだったでしょうか。

読み手をいきなり現場へ連れて行く。

具体的なエピソードの「場面」を書き込み、その後は「鳥の目」になって「場面」の状況を説明する。

そういった「起承転（展）結」の構成は、格段によくなったはずです。

一文一文も短く、キレがあり、「読みやすさ＝読み手に負担をかけない」ことにも成功していると感じませんか。

元の文章と、改定後のこの文章。

それをもう一度、ここで読み比べてください。

本書を通じて筆者が訴えようとした作文技術の要素。それを明確に感じ取ることができるでしょうか。それが見えたら、あなたは「八〇〇字程度の文章を書く」ことの意味と全体像が、しっかりとイメージできたと言えます。

おわりに

文章の極意、上達の方法——。

そんなものが本当にあるのでしょうか。

私は国語の先生でもないし、語学の研究者でもありません。ただし、この三〇数年間、ジャーナリストとして毎日のように「文字」「文章」に接してきました。自分で書き、やがては若い部下の原稿をチェックする立場になりました。

その経験から言えば、「文章の極意、上達の方法はたった一つしかない」ということに尽きます。とにかく書こう、ひたすら書こう、です。自ら動かずして、何かの技を磨くことはできはしません。そのことは本書で何度も繰り返してきました。

さらに、もう一つ大事なことがあります。

それは「自分は何を書こうとしているのか」を見極めることです。「書きたい事柄は何か」を考え抜くことです。もっと言えば、「何かを書きたいと本当に思っているのか」「伝えるべき何かを持っているのか」ということです。

私は一〇数年前から個人でブログ「ニュースの現場で考えること」を開設しています。メールアドレスを公開していることもあって、ときどき、記者志望の若い方から「作文上達の方法を教えてください」「記者になるにはどんな勉強が必要ですか」といった質問や相談が舞い込みます。

そうした若い人に「どうして記者になりたいの？」とたずねると、少なくない割合でこんな答えが返ってきます。

「伝える仕事をやりたいんです」と。

私はさらに「いったい何を伝えたい？」と問いを重ねていくわけですが、どこまで質問を重ねても「何を伝えたいのか」の「何を」が明確にならないケースがあります。

いったい、自分は何を伝えたいのか。

それが明確になれば、おそらく作文は半分以上できたと言えるでしょう。

何かを伝えたい――。

そんなあやふやな動機で取り組んでも、作文が上達することは期待できないでしょう。

文章は道具にすぎません。「何か」を伝えるための、単なるツールにすぎません。「何か」という明確な目標がないのに、どうして「文を書く」という作業に邁進できるのでしょうか。

最後に言いたいことは、一つです。

これから書こうとしている作文。
その目的は何でしょうか。
だれに向かって書くのでしょうか。
何のために書こうとしているのでしょうか。

自身に向かって、その問いを発し続けてください。
「何を伝えるのか」の「何を」を徹底して考え抜いてください。
その回答が見えたら、あなたの作文は上達への道筋が見えています。
本書が本当に役立つのはそのとき。私はそう考えています。

二〇一五年一月

高田昌幸

高田昌幸（たかだ・まさゆき）

1960年高知県生まれ。法政大学卒業後、1986年に北海道新聞社入社。経済部、東京政治経済部などを経て、報道本部次長、ロンドン支局長を務める。2011年に退社。フリージャーナリストを経て、2012年から高知新聞記者。北海道新聞時代の1996年、「北海道庁の公費乱用」報道の取材班メンバーとして新聞協会賞、日本ジャーナリスト会議（JCJ）賞奨励賞を受賞。2004年に「北海道警察の裏金問題」報道の取材班代表として新聞協会賞、菊池寛賞、JCJ大賞などを受賞。著書・共著に『権力vs.調査報道』「希望」（以上、旬報社）、『真実——新聞が警察に跪いた日』（角川文庫）、『@Fukushima——私たちの望むものは』『メディアの罠』（以上、産学社）など。早稲田大学ジャーナリズム教育研究所招聘研究員。名古屋大学大学院非常勤講師。JCJジャーナリスト講座などで文章技術を教える。

伝える技法
プロが教える苦手克服文章術

2015年3月1日　初版第1刷発行

編　者……………………高田昌幸
装　丁……………………Boogie Design
発行者……………………木内洋育
編集担当　………………田辺直正
発行所……………………株式会社旬報社
〒112-0015 東京都文京区目白台2-14-13
電話（営業）03-3943-9911
http://www.junposha.com
印刷・製本　……………シナノ印刷株式会社

ISBN978-4-8451-1400-9